岩 波 文 庫

34−016−1

民主主義の本質と価値

他一篇

ハンス・ケルゼン著

長 尾 龍 一
植田俊太郎 訳

凡例

一 本書は、ハンス・ケルゼン（Hans Kelsen, 1881–1973）の *Vom Wesen und Wert der Demokratie*, 2.Auflage（1929）および“Verteidigung der Demokratie”（1932）, in: ders., *Demokratie und Sozialismus* の全訳である。なお、一九三一年刊のフランス語版より序文を併載した。

一 原文の»«および„“は、「　」とした。なお原文には»«のない箇所にも訳文では「　」を用いている箇所がある。

一 原文の（　）は、訳文も同じく（　）とした。訳者による補いは角括弧〔　〕とした。

一 原文で強調のために用いられる隔字体（ゲシュペルト）の部分は、傍点で表した。

一 注は、(1)、(2)と注番号を付し、本論のあとに示した。

一 書名などについて、邦訳のあるものは、適宜並記した。なお、『著作集Ⅰ、Ⅱ、Ⅲ、Ⅵ』と表記したものは、それぞれ次の文献を指す。

『ハンス・ケルゼン著作集Ⅰ　民主主義論』慈学社、二〇〇九年
『ハンス・ケルゼン著作集Ⅱ　マルクス主義批判』慈学社、二〇一〇年
『ハンス・ケルゼン著作集Ⅲ　自然法論と法実証主義』慈学社、二〇一〇年
『ハンス・ケルゼン著作集Ⅵ　神話と宗教』慈学社、二〇一一年

一　人名等、固有名詞の表記については、原則として日本での慣例と判断されるものに従った。

目　次

民主主義の本質と価値（第二版、一九二九年）

フランス語版への序文(一九三一年八月)

ジョセフ・バルテルミ、ミルキーヌ゠ゲツェヴィッチ両教授の編纂する『憲法論・議会論叢書』の一巻として、私の『民主主義の本質と価値』が出版されることは、私の喜びとするところである。特にこの時期にフランスで出版されることは。

第一に、私の民主主義に関する思想を、大陸民主主義の最古の国で出版できることは、名誉である。しかも至る所で民主主義の危機(crise)、否、民主主義の破局(catastrophe)が語られているこの時期に。フランスにおいては、他国に比べ悲観論が流布しておらず、一ドイツ人の民主主義論の著書に関心がもたれるのも、この国の民主主義の未来への期待があってのことであろう。そのように観察できることは私の喜びである。

ところで、この著書は、民主主義礼讃論として著されたものではない。それは批判の権利を放棄することなく、もっぱら科学的公平性をもって、問題を提起するものに過ぎない。しかし自らについての自由な批判が可能であるということこそ、民主主義がもたらし得る、他の政治体制にまさる長所ではないか。そして、政治思想の自由を留保なく承認することこそ、まさしく常にフランス民主制の誇りであり、名誉であった。

はじめに

一七八九年と一八四八年の市民革命によって、民主主義の理念は、政治思想のほとんど自明の前提になってしまった。その実現に多少とも抵抗しようと試みた人々でさえ、たいていの場合その抵抗を「原則としてはもちろん正しいのだが」と慇懃《いんぎん》に断った上で、あるいは用心深く民主的な用語の仮面をつけて、反論を展開せざるを得ないと考えた。〔第一次〕大戦前の何十年間、重要な政治家や著名な著作者で、公然と忌憚《きたん》なく専制支配への支持を表明した者はいない。そもそもこの時期は、ブルジョワジーとプロレタリアの間の階級闘争がいよいよ尖鋭化した時期であるが、民主政体の正当性に関しては何の対立も存在しなかった。民主主義という点に関しては、自由主義と社会主義の間にイデオロギー的相違はない。民主主義は、十九世紀と二十世紀の精神をほとんど普遍的に支配した標語である。しかし、まさにそのゆえにこそ、あらゆる標語と同様に、民主主義という言葉はその確乎たる意味を喪失してしまった。人々は政治的流行に押し流されて、ありとあらゆる機会に、ありとあらゆる目的のためにこの言葉を用いなければならないと思いこみ、民主主義はあらゆる政治概念の中で最も濫用された概念となった。こうしてこの概念は多様極まる意味、時に相矛盾する意味をもつようになり、ついには俗流政治用語の常として、何ら特定の意味をもたず、ただ何となく口にされる決まり文句に堕してしまいそうである。

そこに世界大戦が起こり、それが社会革命を誘発して、民主主義という政治的価値も見直しを余儀なくされた。社会民主主義という巨大な大衆運動は、まさしくそれを先導する社会民主党という政党名が示すように、その精神の半分は民主主義である。それは社会主義の実現とともに、民主主義の実現に最大限の精力を傾注し、大きな成果を収めてきた。ところが、この運動は、社会主義の基本原則のみならず、なかんずく民主主義の基本原則が実現しそうになったその時点で、停滞し、さらには分裂してしまった。分裂した一方の勢力は、当初は逡巡し、さまざまな障碍に苛《さいな》まれたにせよ、結局は民主主義実現というかつての目標の推進へと立ち返った。しかしもう一方の勢力は、決然と、激烈に、他の目標へと驀進《ばくしん》した。その目標が専制支配の一形態であることは、憚《はばか》ることなく公然と表明されている。

しかし、民主主義の理想に敵対しているのは、理論的基礎を新共産主義の教義におき、ロシア・ボルシェヴィズムによって現実化されているプロレタリア独裁のみではない。プロレタリアによるこの運動がヨーロッパの精神と政治に惹起した強烈な衝撃は、その反作用として、ブルジョワジーの反民主主義を生み出した。それを理論的・実践的に表現しているのが、イタリア・ファシズムである。

こうして、かつて君主専制政治との関連で問題とされてきた民主主義は、今や左と右の政党独裁制との関連で問題となっている。

第一章　自由

民主主義の理念(さし当ってここで問題にするのはその理念であって、それに多少とも近似したその政治的現実ではない)においては、我々のもつ実践理性の二つの要請が結びつき、社会的生物である人間のもつ二つの原始的本能が充足へと駆り立てられている。その第一のものは、社会状態がもたらす強制に対する反感であり、自分の意志を屈従させる他者の意志に対する抗議、他律(Heteronomie)の苦痛に対する抗議である。こうして自由を求めて社会に叛逆するのは、人間性そのものである。――社会秩序が個人に課する他者の意志の重圧は、それ自体堪え難いものであるが、他者の優越的価値に敵対する、「自分こそが」という原始的感情が切実で、服従を強要された者の支配者に対する反感が理屈抜きのものであればあるほど、その重圧はいっそう堪え難く感じられる。「彼も人なり、我も人なり。対等ではないか。彼が私を支配する権利の根拠はどこにあるのか」と。こうして、極めて否定的な、内面に深く根ざす英雄否定的な平等の理念が、(1)

同様に否定的な自由の理念を支援することになる。

「我々は——理念上——平等である」という想定から「人は他者を支配してはならない」という要請はあるいは導き出されるかもしれないが、経験の教えるところでは、もし我々が現実に平等であり続けようとすれば、支配を受けなければならない。それゆえ、政治的イデオロギーは自由と平等を結合しようとする努力を放棄しなかった。民主主義の特質をなすのは、この二つの原理の綜合である。政治的イデオロギーの巨匠であるキケロは、そのことを次のような有名な言葉で表現している。「国民の権力が至高である国家以外には自由の住み家はない。確かに自由の味ほど甘美なものは有り得ないが、それが平等でないならば、自由の名に値しない」(Itaque nulla alia in civitate, nisi in qua populi potestas summa est, ullum domicilium libertas habet: qua quidem certe nihil potest esse dulcius et quae, si aequa non est, ne libertas quidem est.〔*De re publica*, I, 47〕)。

自由は社会的なるものを否定するのだが、その自由の理念が社会的なるもの、さらには政治的・国家的なるものの計算の中に入り込むためには、意味の変遷を経過する他ない。すなわち自由は、一般的には社会的拘束の一切の否定、特殊的には国家の否定から、その拘束の一形態へと変化するのである。こうして成立した自由の形態である民主制とその弁証法的対立物である専制支配とがあいまって、あらゆる可能な国家形態(政体)の表現となり、さらには社会一般の可能な諸形態の表現ともなる。

社会が、さらには国家が存在すべきであるならば、人間相互間の行動を拘束する秩序が規範的拘束力を有することが不可避である。ということは支配が必然的に存在するということである。支配を受けることが不可避であるならば、我々自身による支配のみを受けたいと望むだろう。こうして社会的・政治的自由が自然的自由に取って代わる。政治的自由とは、確かに服従はしているが、他者の意志にではなく、自己自身の意志にのみ服従することを意味する。ここから諸々の国家形態・社会形態の間の原理的対立が始まる。

認識論的観点から見れば、そもそも社会と自然とが異なった体系として可能であるならば、自然法則性とは異なる独自の社会法則性が存在するはずである。因果法則に対置されるのは規範である。自由とは本来、自然の観点からは社会法則性の否定を、社会の観点からは自然(因果)法則性の否定(自由意志)を意味する。「自然に帰れ」、「「自然的」自由に帰れ」とは、社会的拘束からの解放を求めるものに他ならない。それに対し「社会に向かえ」、社会的自由に向かえ、とは自然法則性からの解放を求めるものである。

この矛盾は、「自由」が独自の社会的（倫理的・政治的、法的・国家的）法則性の表現で、自然と社会の対立は二つの異なった法則性、二つの異なった考察方向の対立であることが理解される時、初めて解決される。——

「自由は国民の政治的自律、国家の支配意志形成への参加である」とする自由観念は古代的自由理念であるとして、「支配からの自由、国家からの自由」というゲルマン的自由理念と対置される。この対置は歴史的・民族学的相違では全然ない。自由の問題の、ゲルマン的形態からいわゆる古代的形態への移行は、あの不可避の変遷過程・性質変化の第一段階に他ならない。すなわち人間の意識が自然状態から国家的強制秩序に移行する際に、根源的な自由への本能が受ける変遷・性質変化の——。自由概念のこの意味変化は、我々の社会的思惟のメカニズムの顕著な特色である。なぜ自由という理念が、政治的イデオロギーにおいて、いかに評価しても評価し切れないほどの途方もない重要性をもつのか。それは自由の理念が人間の魂の窮極的な根源に発するものだからである。その根源とは、個人を社会に敵対させるあの反国家的原始本能である。しかしこの自由の理念は、ほとんど謎のようなともいうべき自己欺瞞によって、「社会の中の個人」の位置づけに過ぎないものに転化する。アナキーの自由は民主制の自由に転化するのである。

この変化は一見して思われるものより、ずっと大きなものである。恐らく民主主義の最も重要な思想家であるルソーは、最善の国家の問題――それは彼にとって民主主義の問題であった(2)――を次のように設定している。「それは次のような結合形態を見出すところにある。すなわち、各成員の身体と所有を団体の総力を挙げて防衛し保護するような結合の形態、しかもその結合によって各人が万人と結びつきながら、自分自身にのみ服従し、以前と同様に自由であり続けるような形態を」(『社会契約論』第一編六章)。ルソーの政治理論体系において自由がいかに基石・礎石の位置を占めているかを示すのは、彼が英国議会制を批判した次の言葉である。曰く、「英国民は自分たちを自由だと思っているが、それはひどい自己欺瞞である。彼らが自由なのは議員選挙中に過ぎない。議員が選ばれてしまえば、彼らは奴隷となり、無となる」(第三編十五章)。周知のように、ルソーは直接民主制の帰結を突き詰めた。しかし国家の支配意志が国民の直接的議決によって決定される場合でも、個人が自由であるのは投票の瞬間のみであり、しかもその投票が敗北した少数意見でなく、多数意見である場合のみである。それゆえ、民主主義的自由の原理は、投票が少数者を従属させる可能性を最低限に縮小することを要求するように見える。それゆえ個人の自由の保障は、制限多数決を、もし可能ならば全員一致制を要求するのではないか。しかし経験の示すところでは国政上の諸利害は対立しており、全員一致制による自由の保障などということは問題外である。ルソーのような自由の使徒でさえも、全員一致は国家創設の原始契約にのみ要求している。このように全員一致の原則を仮説的な国家創立行為に限定することは、しばしば便宜上の根拠によるものと考えられているが、そうではない。自由の要請は基本契約の締結に際しての全員一致制を要求するが、厳密に言えば、そればかりでなく、契約によって作られた秩序の存続にも全員の同意の継続を要求しているはずである。ということは、何人《なんぴと》も常に、その承認を拒否することによって、社会秩序の拘束から脱却し、団体から脱退する自由をもつということである。ここに、個人的自由の理念と社会秩序の理念との解決不能な矛盾が明示されている。社会秩序とは、その根本的本質において、客観的な、すなわち規範服従者の意志から独立した拘束力をもつものとしてのみ可能なものだからである。確かに社会秩序の内容が、何らかの仕方で、規範服従者の意志によって定められるとしても、その秩序の拘束力の客観性は、特殊社会的事象を対象とする認識において左右されるものではない。もっとも、形式的客観性は実質的客観性をも要求する。極限において、

「汝なすべし」という社会の命令が、規範名宛人の「汝の欲する時、欲することを」という条件を伴うと、この秩序は一切の社会的意味を喪失する。それゆえ、そもそも社会が、特に国家が存在すべきであるならば、その秩序の内容と、それに服従する者の意志の内容との間に、何らかの相違が存在するはずである。仮にこの両極、当為と存在との間の緊張がほとんど無になり、自由の価値がほとんど無限になったとすれば、もはや服従者という言葉が当てはまらなくなる。民主制が、自由の理念に従って——ということは仮説的に——、全員一致の契約によって成立したが、その存続は多数決によって決せられるとすれば、この民主制は当初の理念から離れ、それへの単なる近似をもって満足していることを意味する。一方で多数派の意志が拘束力を標榜しているにもかかわらず、「その体制は自律の体制であり、そこでは万人は自らの意志にのみ服従している」と唱えられるとすれば、それは自由の理念がさらに変遷したことを意味する。(3)

もっとも多数派の側に投票した者とて、もはや自分の意志のみに服従しているのではない。そのことは、その投票者が投票時に表明した意志を変更した時に、直ちに悟らされる。その投票者が服従しているのが他者の意志、比喩を排して言えば秩序の客観的拘束力にであることは、そのような意志変更が法的効力をもたないことによって、白日のもとに曝されるのである。その個人が再び自由となるためには、彼の変更後の新たな意志が多数者の支持を得なければならない。そして国家意志変更に要する得票が単純な過半数以上の制限多数決になれば、個人意志と国家の支配意志との一致はいよいよ困難になり、個人の自由はいよいよ保障されなくなる。さらに、もしその変更に全員一致を要するということになれば、国家意志の変更はほとんど不可能である。ここに政治的メカニズムのもつ極めて特異な二義性が示されている。かつてはもっぱら自由の理念に従って、個人の自由の保護のために遂行された国家秩序創造が、今や離脱を不可能にする桎《しっ》梏《こく》となっているのである。我々の社会的経験においては、国家の創設、法秩序・国家意志の無からの創造などということは、ほとんど念頭にない。我々はたいてい、その生成には関与していない既存の国家秩序の中に生み落とされ、その秩序は最初から他者の意志として立ち向かってくる。問題となり得るのはただ、その秩序の存続や変更のみである。この観点からすれば、(制限多数決でない)単純多数決の原理が、相対的には自由の理念に最も近いのである。

多数決原理の淵源は自由の理念であって平等の理念ではない(しばしばそれが平等の理念だという者もあるが)。確かに、人間の意志が相互に均等であるということは、多数決原理の前提ではあるかもしれない。しかしこの均等性とは、単なる比喩に過ぎず、人間の意志や人格の計測可能性や積算可能性を意味するものではない。重量の総計において、多数の票が少数の票より大きいということで多数決原理を基礎づけるのは不可能である。「ある者の価値は他の者の価値より大きくない」という純粋に消極的な前提からは、「多数者の意志が支配すべきだ」という積極的帰結は生じない。多数決原理を平等の観念のみから導き出そうとすることは、機械的で無意味な議論で、専制主義者たちの批判の対象になっている。この議論は、苦し紛れに「多数者は少数者より力が強い」という経験的事実を定式化したものに過ぎない。「力は法に優先する」という命題は、それが法原則に高められた場合にのみ克服され得るであろう。合理的に多数決原理を導き出す道は、「万人が自由ではあり得ないとすれば、可能な限り多数の者が自由であるべきだ」「自分の個人意志と社会秩序の一般意志との間の相克に陥る者を最小限にすべきだ」という前提からである。その際平等が民主主義の基本的仮説として前提されていることは明らかである。そのことは、特定人の間の価値を比較して自由を与奪するというのではなく、したがって「A氏のみが自由であるべきだ」とか「B氏のみが自由であるべきだ」というのではなく、「可能な限り多数の者が自由であるべきだ」とされることに示されている。国家意志を変更するに当って、最少の個人意志の同意で足りるならば、個人意志と国家意志の一致は最も容易となる。単純多数決がその上限を画する。単純多数決以下だと、国家意志はその創造の瞬間に同調者より反対者の方が多いことになりかねず、単純多数決以上だと、国家意志変更に反対する少数派が変更を阻止し、多数派の意志を抑えて国家意志を決定することになりかねない。

「国家の支配からの個人の自由」という観念から、「個人の国家支配への参与」という観念に至る自由概念の変遷は、同時に自由主義からの民主主義の分離を意味する。民主主義達成の度合いが、国家秩序への服従者たちが国家秩序創造に参与する度合いであるとすれば、その度合いと、「国家秩序がそれを創造する個人をどこまで支配するか、どこまで個人の自由に介入するか」との度合いとは別問題である。国家権力が無制限に拡大し、個人の「自由」の全面的否定に、自由主義的理念の否定に至ったとしても、その国家権力がそれに服従する諸個人によってのみ構成されている限り、なお民主主義は可能である。そして歴史の示すところでは、拡大志向という点で民主的国家権力は専制的国家権力に劣らない。(4)

自由の要請の出発点をなす個人の意志と、他者の意志として個人に立ちはだかる国家秩序との間に相克が生ずるのは不可避である。民主制においてはこの対立が最低限に抑えられているが、そこでもなお国家秩序は他者の意志として個人に立ちはだかる。ここで政治的自由の観念の変遷がさらなる一歩を踏み出す。根本的には個人の自由は不可能なものであり、それは徐々に後景に退き、社会集団の自由が前景に現れる。政治意識において、「自己の同等者に支配されたくない」という感情のゆえに、（民主制においても不可避である）支配の主体は、国家人格という構成された匿名の人格にすり替えられる。命令は可視的な人間ではなく、不可視のこの人格に発することにされるのである。謎のような全体意志、まさしく神秘な存在である全体人格が、個々人の意志や人格から分離される。この擬制的分離は、全体人格と服従者の意志の分離である以上に、全体人格と現実の支配者の意志との分離として現れる。人間としての支配者は、今や実体化された人格としての国家の単なる機関とみなされる。専制体制においては、（神とあがめられているにせよ）血肉をもつ人間が支配者とみなされるが、民主制においては国家そのものが支配の主体とされる。ここでは国家人格という蔽いが、民主的感性にとって堪えがたい「人間の人間に対する支配」という現実を蔽い隠している。疑いもなく、国法学の基礎理論となっている国家の人格化の根源は、この民主主義のイデオロギーにもある。

しかしこうしていったん「自己の同等者の支配を受けている」という観念が除去されると、「個人は自由ではない。国家秩序に服従せざるを得ないのだから」という認識にもはや眼を閉ざす必要がなくなる。支配の主体のすり替えとともに、自由の主体もすり替えられる。「個人は他の諸個人と有機的に結びついて国家秩序を創造するのであり、この結合の内に、そしてこの結合の内においてのみ、「自由」である」ということがいよいよ強調される。ルソーは「被治者としての民衆は、その全自由を放棄し、国民としてそれを取り返す」と考えたが〔第一編六章〕、被治者(Untertan)と国民(Staatsbürger)のこの区別の内に、社会的考察の観点の転換、問題設定のすり替えのすべてが示唆されている。被治者は個人主義的社会認識における、孤立した個人であり、国民は普遍主義的社会認識における、非自立的な、集団の一員に過ぎない。その集団は高次の有機的全体をなしており、自由を志向する価値観という個人主義的出発点から見ると、超越的・形而上学的性質をもっている。(5) ここにこの場面転換は完成し、もはや「個々の国民は自由である」などということは基本的に正当でなく、少なくともそういう発言は重要性をもたない。この帰結は多くの著作者たちも一貫した論理によって論結したところである。それによれば、国民はその総体である国家においてのみ自由であり、「個々の国民ではなく、国家という人格が自由であるべきだ」とされる。「自由な国家の国民のみが自由である」という命題もまたこのことを表明するものに他ならない。ここに個人の自由は国民の主権に取って代わられた。言い換えれば、原理上要求されているのは自由な国家、自由国家である。

　これが自由観念の意味変遷の最終段階である。こうして自由概念がその内在的論理によって到達したこの自己運動の道程を辿りたくない者、また辿ることのできない者は、自由概念の出発点における意味と終結点における意味の間の矛盾をあくまで矛盾であるとみなすであろう。彼は、この機知に富んだ民主主義叙述者の示した推論、「国民は一般意志によってのみ自由なのであり、この一般意志への服従を拒否する者には、国家意志を強制しなければならない。それは自由となるための強制である」という結論をたじろがず主張する論者への理解を拒否するであろう。ジェノア共和国において、牢獄の門や奴隷を繋いだガレー船の鎖に「自由」(Libertas)の文字が刻まれていたというのは、単なるパラドックスではなく、民主主義の真相の表現である(『社会契約論』第四編二章)。

第二章　国　民

自由の理念の変遷によって、我々は民主主義の理念から現実へと導かれる。民主主義の本質は、民主主義の問題にとって格別に特徴的なイデオロギーと現実の独自の対立においてのみ理解可能である。民主主義をめぐる論争の多くの誤解は、一方は理念のみを論じ、他方は現象としての現実のみを論ずるところから生ずる。両者ともに、現実をその上に聳《そび》え立つイデオロギーの光の下で把握し、イデオロギーをそれを担う現実との関連で把握するという総体的把握をしないから、相争うことになるのである。(6) この理念と現実の対立は、民主主義の基本原則である自由の理念についてのみならず、民主主義を構成するあらゆる要素に現れ、特に国民(Volk)の概念に現れる。

民主主義とは、その理念に従えば、団体意志(比喩を排して言えば社会秩序)の創造を、それへの服従者、すなわち国民が行なう国家形態・社会形態である。民主主義とは統治者と被治者、支配の主体と客体の同一性であり、国民の国民に対する支配を意味する。

ところでこの「国民」とは何か。複数の人間が、この「国民」において統一体を形成することが、民主主義の基本前提であるように見える。民主主義にとって「国民」が統一体であることは、「国民」が支配の客体である以上に主体であること、少なくとも理念上はそうであるべきであることのゆえに、いっそう不可欠の条件である。しかし物事の現実を対象とする考察においては、国民の名において登場するこの「統一体」なるものほど疑わしいものはない。国民は、民族的・宗教的・経済的対立によって引き裂かれており、社会学的には、均質の固形凝集体であるというよりも諸集団の束である。(7) これを統一体と呼び得るとすれば、それは規範的意味においてのみである。なぜなら、思考や感情あるいは意志が一致し、共通の利害をもつ国民の統一体とは、一つの倫理的・政治的要請に過ぎず、それを民族的・国家的イデオロギーが(多用されるが検証されることのない)擬制を用いて、実在であるかのように唱えているのである。国民の統一体として多少とも厳密な輪郭を示し得るかは、所詮法的要件以上のものではなく、その統一体とは、規範服従者たちの行動を規律の対象とする国家法秩序の統一性に他ならないのである。(8) この国家法秩序の中で、その秩序を形成する法規範の内容として、多様な人間行為は統一される。(特殊な社会秩序である)国家の要素としての「国民」とは、この統一体なのである。「国民」とはそのような統一体であって、素朴な観念が誤解しているような人々の総体、寄せ集めではなく、国家法秩序の規律対象となる個々の人間行為の体系に他ならない。なぜなら、人間はその全体として、心身の生活の全機能・全側面が社会共同体に帰属するのではなく、人間を最も強力に把握する国家にさえ帰属するものではない[9]。まして、自由の理念によって形成された国家〔民主国家〕に帰属するはずがない。国家秩序が把握するのは、個人生活の特定の側面に過ぎない。人間生活の相当部分は、国家秩序の外に在り、必然的に国家から自由な領域を留保されている。それゆえ、諸個人の多様な行為を国家法秩序によって統一化したに過ぎないものを、「民衆の総体」としての「国民」であると称するのは擬制であり、国家秩序が命令・禁止の対象とした個々の行為を通じてのみ国民となっている人々の全存在を、国民として国家要素の構成者と説くのも、欺罔《ぎもう》である。ニーチェが『ツァラトゥストラ』の「新たな偶像」と題する節で、「国家とはあらゆる怪物中最も冷血なもので、冷然と嘘もつく。「国家たる我は国民なり」という嘘もその口から出てくる」と言ったのは、この幻想を破壊したものである(『ツァラトゥストラはかく語りき』第一部)。

　国民の統一性が国家法秩序によって規制された人間行動の統一性に過ぎないとすれば、

この規範的領域においては、「支配」とは規範的拘束、規範への服従に他ならないのであるから、国民が統一体をなしているのは、支配の客体として以外ではあり得ない。論者が求める国民の統一とは、元の木阿弥、支配の客体としての統一でしかないのである。ここで人々が支配の主体として問題となるのは、彼らが国家秩序創造に参加する限りにおいてである。まさにこの点、規範創造手続への「国民」の参加という、民主主義の観念にとっての肝心かなめの活動という点において、規範創造者としての「国民」と規範服従者の総体としての「国民」との間の不可避の相違が明らかになる。なぜなら規範服従者・支配服従者として国民に属する人々の中で、規範創造手続(この手続こそが支配権行使の必然的形態である)への参与者はその一部に過ぎず、前者のすべてが支配の主体を構成することができないのは、極めて自明のことだからである。民主主義のイデオローグたちは、一方の意味の「国民」と他方の意味の「国民」を同一視することによって、両者間のどれだけの間隙を隠蔽しているのか、たいていまったく自覚していない。団体意志形成への参与はいわゆる政治的権利の内容をなすものである。この政治的権利の有権者の総体としての国民は、極端な民主制の下においてさえ、国家秩序服従者、支配の客体としての国民の一部に過ぎない。年齢とか、精神的・道徳的健康とかいった自然的限界が、政治的権利の範囲、能動的意味での「国民」の範囲に、受動的意味での国民には存在しない限界を画している。民主主義のイデオロギーは、支配への参加者の総体という意味での「国民」概念について、他にもさまざまな制約を容認していることを忘れてはならない。奴隷の参政権からの排除、そして女性は今日においてなお参政権を与えられていないが、それでもそのような政体も民主政体と呼ばれている。さらに、国籍という制度は国家に概念必然的に伴うものと考えられ、その国籍を根拠とする特権賦与は全く自明なものと看做されている[10]。実はそれは誤りで、まさに前述した政治的権利を制約する偏見の産物に過ぎないのであるが。近年の憲法発展の経験が示すのは、政治的権利も国籍に拘束される必然性は決してないということである。たとえばソヴィエト・ロシア憲法は、幾千年の制約を破棄し、労働目的でロシアに滞在しているすべての外国人に、完全な政治的同権性を保障している。法史における人権思想の発展は極めて緩慢なものであった。原始には外国人は法外の無権利者・敵であり、やがて徐々に私法上の同権を認められた。しかし現在においてもなおほとんどの国で政治的権利を認められていない。ソヴィエト憲法のなしたことは歴史的意義をもつ事績である。もっとも同憲法にはもっと大きな逆流も見られる(たとえば、階級闘争という見地から、特定範囲の国民が政治的権利を否定されている)。

国民概念について、理想概念から現実概念へと考察を進めようとするならば、支配への服従者の総体を、それより遥かに少数の政治的権利の有権者によって代用することで満足するわけにはいかない。しかしそれに留まらず、さらに一歩考察を進めなければならない。それは政治的権利の有権者の数と実際にその権利を行使する人々の数の間の乖《かい》離《り》である。この乖離は、政治的関心の大小によって程度を異にするであろうが、常に相当大きなもので、これを縮小するためには民主主義への体系的教育が必要である。しかしさらに、民主主義の理念の基礎をなす「国民」とは被支配民ではなく支配する国民であり、その概念は現実的考察からすれば、さらに縮小される余地がある。すなわち、実際に政治的権利を行使し、国家意志形成に参加する人々の中で、判断力を欠き、自らの判断ではなく、他者の影響に盲従する大衆と、実際に民主主義の理念に従って、実際に独自の意志決定により団体意志形成手続に方向性を示す少数者とが区別さるべきであろう。このように考察を進めていくと、どうしても直面せざるを得ないのは、現実の民主制を構成する最重要要素の一つ、すなわち政党の影響力である。それは国事を決するに当って現実的な影響力を確保するための、同意見の者の集まりである。この多くにまた無定形の集合に過ぎず、緩い自由な結社であるが、結社という形さえとらず、およそ法的形式をもたない場合もある。しかしその母胎の中から、団体意志形成への不可欠の要素が成長してくる。その要素とは、地下の源泉から湧き出てくる水源にも喩えられる脈動が政党によって発せられ、それらが国民集会や議会という表面に顕れて、一つの河床に導かれる、あの過程におおかたの方向づけを与える準備をなすものである。近代民主主義はまさしく政党に基礎を置いている。民主主義の原理が強力に実現されればされるほど、政党の重要性もいっそう大きくなる。このような事態を見る時、政党に憲法上の位置づけを与え、政党がすでに達成しているもの、すなわち国家意志形成機関としての性格を法的に制度化しようとする傾向があるのは(確かに従来は強力ではなかったとはいえ)、不思議でない。

これは適切にも「権力の合理化」と呼ばれている現象の一部をなすもので(11)、近代国家の民主化と手を携えて進行しているものである。

しかし他方で、一般的に権力の合理化に、特殊的には政党の憲法上の国家機関化に対する抵抗も少なくない。国家の立法や行政が、政党の存在を公的に無視し、さらにはそれに敵対的態度をとっていたのは遠い昔のことではない。かつての君主制が示した政党への敵意や、特に立憲君主制のイデオロギーが政党と国家とを本質的に敵対しあうものとして構成したことは、拙劣に隠蔽された民主主義に対する敵対性を意味したが、そのことは現在なお充分に意識されていない。孤立した個人は国家意志形成に対して現実的な影響力をもちえず、現実的な政治的存在ではあり得ないこと、それゆえ民主主義を本気で実現しようとするならば、多様な政治的目的をもつ諸個人が、団体意志への影響力をもつためには、団体に結集しなければならないことは明白である。こうして、共通の方向を目指す諸個人の意志を政党として結集する団体が個人と国家の間に介在することになる[12]。立憲君主制の政治論や国法論は政党をしきりに誹謗したが、それが民主主義実現に対する攻撃のイデオロギー的仮面であったことは、疑いを容れないことである。「政党なしに民主主義が可能である」などと唱えるのは自己欺瞞か偽善に過ぎない。民主政治は必然的・不可避的に多党国家である。

このことは端的な事実の観察である。「政党の本質は国家の本質と両立不可能である。国家はその本性上政党のような社会的形象の上には築き得ない」という言説が現在もなお横行しているが[13]、民主制のすべての歴史的発展を一瞥《いちべつ》すれば知り得るこの事実のみからしても、その言説は反証される。政治的現実はまさにそれの正反対を示している。彼らが国家の「本質」とか「本性」とかと呼ぶものは、そういう言説がたいていそうであるように、実際には特定の理想、しかも反民主的理想である。[14] それでは一体政党の何が国家と本質的に対立すると思わせるのか。彼らは言う、「政党は一部の集団の利益団体に過ぎず、その基礎は利己心にある。それに対し国家は全体利益の代表者であり、利益諸集団およびそれを組織した政党を超越した存在である」と。しかしまず、政党にも利益政党の他に世界観政党があり、まさしくドイツ国家の中では後者が大きな役割を演じている。もっともいわゆる世界観政党も、実際には現実の利益集団の基盤とそう遠く離れているわけではないが。他方で歴史上の国家について、「あらゆる権力装置はイデオロギー的仮面で自らを覆い隠すもので、国家もその仮面の背後では、何よりも支配階級の利益のために働いている」という冷徹な認識がある。この組織を連帯的共同体の全体的利益実現の機関だと唱えるのは、せいぜい存在に代えて当為を説き、現実に代えて理想を見るもので、結局はたいてい政治的動機から現実を理想化し、正当化するものに他ならない。因みに、論者たちの説く、集団的諸利益を超え、その彼岸に立つ「超政党的」全体利益、信仰・民族・階級状況などの相違とは無関係な全成員の利害共同体なるものは、形而上学的、というより超政治的な幻想である。それは、いわゆる「多党国家」「機械的民主主義」に対する「有機的」共同体やその「有機的」編成などという言葉で表現されるが、これらの言葉は極めて不明瞭なものである。「政党に代わってどのような社会集団が国家意志形成の担い手となり得るのか」という問いへの彼らの答えを見るならば、これらの反政党的言説がいかにいかがわしいものかが明らかになる。現在政党が担っている役割を肩代わりする社会集団としては、職能(berufsständisch)集団くらいしか考えられない。それらの利害集団的性格は、政党より弱いどころか、むしろ強い。なぜならそれらはもっぱら現実的利害(materielle Interessen)によって結合しているからである(15)(職能集団の政治的意味については後に検討する)。さて、経験的現実に立ち返るならば、利害の対立は不可避のものであり、団体意志が特定集団の利益のみを一方的に表現すべきものでないとすれば、それは対立する諸利益の足し引きの合算、すなわち妥協以外のものではあり得ない。国民が複数の政党に分れることの意味は、実は、そのような妥協をもたらす組織的な条件を作り出すこと、妥協の可能性を作り出すこと、団体意志を中道へと導くところにある。反政党主義は詰まるところ反民主主義であり、それは——意識的にせよ無意識的にせよ——唯一の集団利益の権力独占を目指す政治勢力に奉仕するものである。そして、自分たちと対立する利害集団の利益を蹂躙《じゅうりん》しようとする意志の強度に比例して、自分の利益を「有機的な」「真の」「考え抜かれた」全体利益であると偽装するイデオロギー的努力も強まるのである。民主政治が複数政党国家の政治であり、団体意志は諸政党の意志の合算としてのみ成立し得るものであるからこそ超政党的な「有機的」全体意志という擬制を放棄し得るのである。

あらゆる民主政治において、「国民」が政党へと分岐することは止め難い発展である。いっそう適切な表現を用いるならば、それ以前には政治的力(Potenz)としての「国民」はなお存在せず、民主的発展によって孤立した個人の群が政党へと統合され、それによって初めて、どうやら「国民」と呼ばれ得るような社会的力が発動するのである。民主的共和国である諸国の憲法においても、――政党の問題に限らず、他の諸点でも立憲君主制のイデオロギーの支配を脱却し切っておらず――政党の法的公認を拒否している場合がある。これは立憲君主制においては、民主化の実現を阻止しようとするものであったが、民主制においては単に事実に眼を閉ざしているに過ぎない。

政党に憲法上の位置づけを与えることによって、政党内の団体意志形成を民主化する可能性が作り出される。政党内意志形成という段階は、恐らく極めて無定形なものであり[16]、そこでの団体意志形成過程は公然と寡頭支配的・専制的性格をもつ傾向があるから、その民主化はいっそう重要である。過激な民主的綱領をもつ政党内部においても、その傾向が見られるから、民主化は同様に重要である。民主的国制における、国家の枠内の状況と政党の枠内の状況とを比較してみると、前者においては政党有力者の発言力にも限界があり、議会での意志形成における政党間の関係においては、いわゆる党内規律に対応する国家規律などないも同然であるのに対し、後者においては有力者の発言権が大きく、規律の拘束力も強く、そこでは個人の意志は殆ど通らないのが通例である。

「国民」概念の理想概念から現実概念への転化の意味するところは、「自由」概念の自然的概念から政治的概念への変遷に劣らず深い。それゆえ我々は、イデオロギーと現実、さらに言えばイデオロギーとその最大限の実現可能性の距離が途方もなく大きいことを承認せねばならぬ。「言葉の厳格な意味に解するならば、かつて真の民主制が存在したことはなかったし、今後も決して存在しないだろう。多数者が支配し、少数者が支配されるというのは、自然の秩序に反するのだ」というルソーの有名な言葉(『社会契約論』第三編四章)は、単なる修辞的誇張以上のものと受け取るべきであろう。

以上、民主主義の観念を社会的現実に適合させるために、自然の自由を多数決という政治的自律へと縮小し、国民の理想概念を政治的有権者の総体へ、さらにその現実の行使者にまで縮小してきたが、まだその縮小は完結していない。なぜなら、直接民主制においてのみ、社会秩序は実際上有権者多数の決議によって、すなわちその権利を国民集会において行使する人々によって創造されるが、国家の規模の大きさと国家の任務の多様性のゆえに、それはもはや可能な政治形態でなくなっている。現代国家における民主制は間接民主制・議会民主制であって、拘束的団体意志は有権者の多数によって選挙された者の多数によってのみ形成される。それゆえここで、政治的権利――すなわち自由――は、結局単なる投票権に弱められている。これまで自由の理念への制約、すなわち民主主義の理念への制約について論じてきたが、それを制約する要素として最も重要なものは、恐らく議会制であろう。それゆえ、現在民主主義とみなされている形態の現実の本質を理論的に把握するためには、何よりもこの議会制を理解する必要がある。

第三章　議　会

十八世紀末から十九世紀初頭にかけて、専制支配に抵抗して遂行された闘争は、本質的に議会主義を求める闘争であった(17)。国民代表が国家意志形成に決定的に参加する憲法によって、絶対君主の専制支配や等族制的(ständisch)法秩序における特権に終止符が打たれ、当時人々はそれによって考え得る限りの政治的進歩、公正な社会秩序の樹立、より良き新時代の発足を期待した。確かに議会制は十九世紀・二十世紀の国家形態であり、世襲階級の特権に対するブルジョワジーの完全な解放、そしてやがてはプロレタリアの政治的同権化、有産階級に対する無産階級の道徳的・経済的解放への着手など、立派な成果を上げた。しかし現代史書や現代政治思想における議会制の評価は、決して芳しいものではない。極右政党や極左政党による議会制原理の排撃は激化する一方で、独裁や職能制を求める叫びはいよいよ強い。中道政党内においてさえ、かつての理想に対する情熱は疑いもなく冷めかかっている。我々は、時流が議会制に対し食傷気味であることを直視すべきである。少なからぬ著作者たちは、議会制の「危機」「破産」などを語り、「断末魔の苦悶」と言う者さえいる。当面はそこまではいっていないかもしれないが。

議会主義原理の価値に対する疑念は、すでに前世紀中葉ないし後期にも表明されていたが、立憲君主制支配下においては、そのような反議会的傾向が大きな意味をもたなかったのは当然である。議会を中心拠点とする民主化への動向はゆっくりと、しかし止め難く発展しており、それに抵抗する反議会的傾向は効果に乏しかった。それに対し、現代のように、議会主義原理が完全・無制約な支配力をもった時期に、それに疑念が提起されると、話は全く異なる。民主的・議会主義的共和国の中での議会主義の問題は死活の問題である。議会が現代の社会的諸問題の解決に有用な道具であるか否かに、現代民主主義の存亡がかかっている。もとより民主制と議会制は同一ではないが、現代国家において直接民主制は実際上不可能であるから、議会制が現代の社会的現実の中で民主主義の理念を充足し得る唯一の現実的な形態であることを、本気で疑うことができないであろう。それゆえ議会制是非の決断は同時に民主制是非の決断なのである。

議会主義の危機を唱える論者たちの中には、この政治体制の本質を誤解し、その誤解に基づいてその価値判断を誤っている者も少なくない。それではー体その議会主義の本質とは何なのか。ここで混同してはならないのは、その客観的本質と、この制度に関与し、利害関係をもつ者が、何らかの意識的・無意識的動機から、この制度に与えようとする主観的解釈である。議会主義の客観的本質は、拘束的な国家意志の、国民の普通・平等の選挙権をもとにした形成、それゆえ国民によって民主的に選挙された合議機関の多数決原理による形成である。

議会制を規定している理念を理解しようと試みると、そこで支配的意義をもっているのは民主主義の自律思想、すなわち自由の思想であることが分かる。議会制のための闘いは政治的自由を求める闘いであった。今日誤った諸々の反議会主義の批判ばかりに気をとられると、そのことは忘れられがちである。自由は議会制によってのみ保障されているのであるが、それが当り前のことになってしまって、有難味が感じられなくなっており、人々は政治的価値判断の基準として自由を放棄し得るかのように信じている。しかし自由の理念は、その最深の本質において、あらゆる社会的なるものの、それゆえあらゆる政治的なるものの否定者であり、したがってあらゆる社会理論や国家実践のいわば対極点にあるにもかかわらず、否、まさにそれゆえにこそ、政治的思惟の永遠の基音であり、基音であり続ける。これこそ、先に見たように、自由は純粋なままでは社会的なものの領域、まして政治的・国家的なものの領域に立ち入れず、それと違和的な諸々の要素と融合せざるを得ないことの理由である。

それ故議会主義の原理の中に、元来の自由の理念の力を減殺するような二つの要素が結びついていることが判明する。その第一は、多数決原理である。本書でもすでに、その自由の理念については考察したが、議会制においてそれが現実に果たす役割については後述する。議会主義の原理から帰結される第二の要素は、意志形成の間接性である。すなわち国家意志が国民自身によって直接に創造されるのではなく、国民によって創造されるものであるとはいえ、議会を通じて創造されることである。ここに自律主義としての自由主義が分業・社会的分化という不可避の必要と結びつくのである。この傾向は、民主主義的自由理念のもつ素朴化という基本性格と矛盾している。なぜなら、自由の理念のみからすれば、全国家意志は、雑多極まる全有権者の単一の集会によって形成されねばならなくなるからである。国家有機体の分業的分化、国家機能の相当部分を国民以外の機関に委譲することは、必然的に自由の制限を帰結する。

それゆえ議会制は、自由という民主制の要請と、あらゆる社会技術の進歩の条件をなす分業原理との妥協である。しかし国家意志の形成者が、国民そのものではないこと、国民に選ばれたものであるとはいえ、国民とは大いに異なる議会という機関であることは、民主主義の観念をかなり露骨に侵害するものであるから、それを隠蔽しようとする努力がなされてきた。確かに一方において、社会的諸関係は複雑で、分業の利益を放棄することなどできなかったから、直接民主主義を本気で受け容れることはできなかった。国家という共同体の規模が大きくなればなるほど、「国民」自身が国家意志形成活動を、直接的で、真に創造的に展開する可能性はいよいよ小さくなり、純粋に社会技術的な理由からも、「国民」には国家意志形成機構を、創造し、統制する以上のことはできなくなる。しかし他方では、議会制においても民主的自由の理念、他ならぬこの理念が健全に実現しているかのような外観を作り出すことが求められる。この目的のために利用されるのが、代表の擬制(Fiktion der Repräsentation)である。すなわち、「議会は国民の代理人(Stellvertreter)に他ならず、国民はその意志を、議会においてのみ、議会を通じてのみ表明できる」という思想である。実際には、あらゆる憲法において、議会主義原理は例外なく、「議員たちは選挙民からの拘束的指令(bindende Instruktion)を受けない」という規定に拘束されている。[18] 議会の活動は国民から法的に独立しているにもかかわらずである。否、そもそも近代議会は、議会の国民に対するこの独立宣言とともに発足し、古き等族会議と明確に訣別したのである。周知のように、等族会議議員はその選挙人集団に拘束され、責任を負うていた。議会主義を国民主権の見地から正統化し得るとすれば、それはこの代表の擬制であろう。自由原理は議会主義によって現実に、また重大な仕方で侵害されているのであり、この明々白々たる擬制はこの侵害を隠蔽することをその役割としている。しかしこのことは、反対者に「民主制は一目でばれる虚偽の上に成り立っている」という批判の口実を与えている。それゆえ確かに、代表という擬制は「議会制を国民主権の見地から正当化する」という本来の役割を長く果たし続けることができなかった。ところがこの擬制は、元来の意図、あるいは複数の意図の中の一つとは異なった役割を果たすことになった。すなわち、強力な民主化思想の圧力下にあった十九世紀・二十世紀の政治運動を、理性的中道路線に留めるという役割を果たしたのである。この擬制によって、国民大衆は「選挙された議会の中で自分たちは政治的に自律している」と信じ込まされ、政治的現実において民主的理念が過大で誇張された支配力をもつことが阻止された。民主的理念が誇張されることは、政治技術を不自然に幼稚化させ、社会進歩を危うくする可能性がないとも言えないからである。

民主主義がなお専制支配と闘っており、議会制自体が君主や封建的諸身分の主張をなお完全に屈服させていなかった段階では、代表観念の擬制的性格が政治意識において表面化しなかったのは当然である。立憲君主制の支配下では、民選議院は、絶対君主から政治的に闘い取り得た最大限だとみなされていたに相違ないから、「議会は民意を実際に完璧に表現するものか」という観点から議会政体を批判するなどということは、いまだ意味をもたなかった。しかし議会制原理が(特に共和国において)完全な勝利を博し、議会の支配が立憲君主制に取って代わり、その論拠を国民主権原理に求めるや否や、もはやこの露骨な擬制を批判者の眼から隠し続けることはできなくなった。この「議会はその本質上国民代表に他ならず、国民意志は議会の行為においてのみ表現される」という擬制の理論は、一七八九年のフランス国民議会においてすでに展開されている。それゆえ、現在反議会制論として唱えられている議論の第一のものが、「そもそも議会によって形成された国家意志は国民意志ではない」「議会制国家の憲法の建前そのものが、(議員選挙を除けば)そもそも国民意志を形成するようにできておらず、議会は国民意志の表現者ではない」という暴露であることは不思議でない。

確かにこの議論は当っている。しかしこの議論を議会制反対論として援用することができるのは、議会制を国民主権原理によって正統化しようとし、議会制の本質を一〇〇パーセント自由の観念から概念規定できると考える限りにおいてである。もしそうであるならば、議会制は本来の能力外のこと、なし得るはずのないことを約束していたのである。ところが、前述したように、議会制の本質は代表の擬制の助けを借りることなく規定さるべきものであり、その価値は国家秩序創造のための特殊な社会技術的手段として正当化さるべきものである。

議会制の本質を政治的自由という素朴な理念と分業原理との必然的妥協として捉えるならば、議会制改革論の問題領域の方向も明確に理解され得る。しかしその議論に立ち入る前に、まず「議会制の完全な廃止ということが、そもそも現在政治的に見込みがあるか」、すなわち「現代国家組織から議会を排除する試みに成功の展望があるか」という問題を議論することも無価値ではないかもしれない。

多少とも技術的に進歩したすべての公共団体において、議会的なものが存在するのは、恐らく偶然ではなく、それが社会団体の構造形成を支配する法則に適合しているからであろう。この点で格別の考慮に値するのは、論議の余地のない専制支配体制においてさえ、君主は補助者として枢密顧問官などと呼ばれる人材群を側近とし、特に君主の名において発布される普遍的命令・一般規範の起案・審議・専門的検討に当らざるを得ないことである。ある程度大きな公共団体においては、国民自体が全員で団体意志を直接創造することができないとすれば、専制支配者もそれと同様の理由で一人では創造できない。その理由の一端には、知識と能力の欠如、責任への畏れがある。確かに、合議体の成員が、専制支配者に任命されるか、国民に選ばれるかの相違は重要であるが、その相違の重要性は社会的現実、すなわちその機関の遂行する現実の役割という見地からというよりも、イデオロギーの見地からのものであろう。また確かに諮問機関と決定機関の相違が重要であることも間違いない。しかし立法権をもつ民主制下の議会と絶対君主の枢密院も、法的形式からでなく、事実関係・心理的現実から見れば、それほど大きな相違が認められないことがしばしばある。特に、立法作業において表には出ないが極めて重要な部分は、近代民主制においても、議会手続ではなく政府の中で進められているということを考慮すべきである。政府が直接・間接の発案権を行使する必要性において、立憲君主制より議会民主制の方が少ないということはない。さらに考慮さるべきは、枢密院に結集された顧問官たちの権威は、絶対君主に対して、しばしば国制上から推察される以上の、遥かに大きな影響力をもつことである。

技術的に発達した社会団体の中で、政府(およびその下の行政機構)の他に、立法のための特殊な合議的機関が形成されるのは、社会発展の必然性の産物のように見える。そうなる理由の中の重要な要因は、国家意志形成過程というものの性質なのではないか。ここで議論の前提をなすのは、「比喩として、一般的に団体「意志」、特殊的に国家「意志」と呼ばれる現象は、現実の心理的事態ではない。心理学上存在するのは個々の人間の意志のみである」ということである。(19) いわゆる国家「意志」とは、団体の観念的秩序を擬人的に表現したものに過ぎない。その秩序は、多数の個々人の行為によって設定された行為の意味(Sinn)である。団体秩序とはそのような行為に担われた意味であり、それは規範の複合体、当為的命令の複合体である。その規範複合体が団体に属する人々の行動を規律し、それによって何よりも団体そのものを構成するのである。国家が「意志する」と言われる時、国家とは人格(Person)へと実体化された(hypostasiert)団体であり、その国家があたかも人間(Mensch)ないし超人(Übermensch)であるかのように、「国民は特定の仕方で行動すべきである」と「意志する」ものとされる。団体秩序とは「団体成員は特定の仕方で行動すべきである」という精神的内容であり、この精神における出来事が、極めて具象的で分かり易いように、関係する大衆向けに、国家が「意志する」と表現されるのである。国家秩序の「当為」(Sollen)は国家人格の「意志」(Wollen)とイメージされる。「国家意志の形成」とは、国家秩序の創造過程に他ならない。

この国家意志形成過程の本質的性質は、最初抽象的形態であった規範の、幾つかの中間段階を経た後の、具体的な規範への移行、一般的規範の複合体から個別的国家行為という状態への移行である。それは人間の心理学的意志形成の過程とは全く異なり、具体化し、個別化する過程である。この過程において顕著なのは、抽象的・一般的規範の設定と、具体的・個別的処分、個別的命令の発令、ないし個々の決定の設定という、二つの異なった機能ないし段階の対比である。法的現象学の一問題は、この二つの機能の相違を示すことである。[20]団体意志形成におけるこの二つの機能ないし段階は、極めて原始的な社会集団においても見られる。確かに、一般的規範を創造するために特殊な機関を形成しようとする動機は、団体意志形成が規範服従者たちの無意識的・習慣的な実践の段階から、意識的設定の段階に上昇するところで初めて生ずるということは、もちろん認めざるを得ない。しかし「社会集団を構成する団体意志が活力を失わぬまま発現するのは、個別的命令行為・執行行為という形態においてのみである」と考えるのは、最も原始的な集団にのみ視野を限定した極めて皮相な観察であり、誤解である。そのような観方は、団体の機関が個別的団体行為を遂行するためにも、（意識的に設定されたものでないにせよ）集団成員の全員ないし一部の意識の中で、一般的秩序（一般的規範の観念）が活力をもっていることが不可欠だ、という事実を看過している。さらにそのような観方が看過しているのは、まさに原始的集団の機関こそ、近代国家の機関よりも、一般的規範に拘束されない、自由裁量による執行権・決定権の範囲が遥かに狭く、一般的規範に拘束されているという意識が強いことである。そしてその規範は、宗教的・呪術的性格をもてばもつほど、大きな実効性をもつ。さらに、人々の意識の中では、個々の団体行動におけるよりも、人々の相互行動を規律する一般的規範において、社会集団は活力をもっている。ところが、一般的規範を創造する活動は、常に単独機関でなく、合議機関を創造しようとする傾向をもっている。

それゆえ、現代国家の有機的構造の中から議会を排除しようとする試みは、長期的には成功の見込みがほとんどないと思われる。そこで結局問題となるのは、議会の招集や構成のやり方、権限の性質や範囲の在り方をどうするか、といったことのみとなる。職能制国家や独裁制を目指す諸勢力が、綱領上議会制の否定をいかに唱えても、結局行き着くのは単なる議会制改革論に他ならないだろう。(21)

第四章　議会制改革

議会制改革の可能性としては、民主的要素を改めて強化するという方向が考えられる。国家秩序形成のあらゆる段階を直接国民に委ねることは、社会技術的理由から見ても不可能であるが、国民の参与が選挙に限定されている現行の議会制よりも、国民の立法への参加の度合いをいっそう高めることは可能であろう。さまざまな問題に関する規則作りに関して、議会のみが決定する場合と、選挙民自身の意見を訊いた場合とで、異なった結論が出ることは、あり得ることである。そのような「国民への問いかけ」が国家意志形成の改善でもあるのか否かは、ここでの問題ではない。ただ「議会制は国民から疎遠だ」という批判論に対して指摘し得ることは、「国民投票(Referendum)制は、議会制の原理を基本的に維持しつつ、それをさらに発展させることができ、かつそのために必要な制度である」ということである。職業政治家たち(ということは現代では議員のことだが)が国民投票制を好まないのは不思議でないが、彼らはその反感を自制し、いわゆる憲法国民投票(これはいくつかの現代憲法で採用されている)ばかりか、(拘束的でないまでも選択的な)法律国民投票までも受け容れている。これは議会制原理自身のためでもある。経験に徴すると、その場合、国民には議会の議決への賛否を問うことが適当で、すでに公布され、発効している法律を国民投票にかけるのは好ましくない。どういう場合に国民投票にかけるのが適当か。従来成功した例では、両院の対立、国家元首の提案、一定の少数票による議会の提案などである。国家意志形成に対する国民の可能な限りの直接的影響力を求める圧力がいよいよ強まっている現状を考慮すると、国民投票の結果が議会の議決と異なる場合、議会は解散されざるを得ない。こうして新たな選挙で選ばれた議会は、「それのみが国民意志の表現者である」とまでは断言できないにせよ、少なくとも「この議会が民意に反するものではない」とは主張できるであろう。

　議会制を基本的に維持しつつ、国家意志形成に対する国民の直接的介入を可能にする制度の一つとして、いわゆる国民発案(Volksinitiative)がある。これは特定少数の有権者が法律案を提案し、議会がそれを議院規則に従って審議する義務を負うものである。この制度もまた、古い諸憲法や新しい諸憲法がすでに採用しているが、さらにいっそう広く活用する余地があるであろう。この点に関連しては、国民発案の提案がきちんとした法律案の形式を具備していなくても、一般的方針さえ示されていれば受け容れるという ことにしておけば、この制度の活用が技術的に容易となるであろう。選挙民は、選出した議員たちに対して拘束的指示を与えることができないのであるから、少なくとも議会の立法活動に指針を示すような示唆が、国民内部から発して明示される可能性は必要であろう。

拘束的指令(imperatives Mandat)がその古い形のままで復活することは、恐らく不可能であろう。(22) しかしこの方向に向かう動向が存在することは否定できず、現代政治機構の構造と両立し得るその形態が、ある程度成立しつつある。すでに比例代表制の導入は、単純多数決制において必要であった以上の政党組織の厳格化を不可避としている。それゆえ現在、「政党へと組織された選挙民集団が議員を恒常的に統制する」という思想も、問題にする価値がある。そしてそのような統制を実施する法技術的可能性も充分ある。さらに法律の保障する議員と選挙民の不断の接触により、大衆は議会制原理となじんでくるだろう。議員の選挙民に対する無答責は、疑いもなく議会制に対する現代の違和感の主原因の一つであるが、それは十九世紀国法学が信じたような、議会制の本質的要素ではない。現代の諸国の憲法においてもすでに、この点に関して注目に値し、発展の可能性を秘めた萌芽がみられるのである。

まず廃止、少なくとも縮減さるべきは、議員の責任免除制度、いわゆる免責特権(Immunität)である。これは選挙民に対してではなく、他の国家機関、特に裁判権に対して確立されたもので、従来議会制の鉄壁の要素とされてきた。「議員は議会の同意なしには、犯罪行為によって裁判所に訴追されず、特に身柄を拘束されない」というこの特権は、等族君主制時代、すなわち議会と王権が最も激しく闘争した時代に成立したものである。立憲君主制時代にも、議会と政府の対立が、以前とは形を変えてなお存続しており、権力を濫用する政府によって議員が議会の職務を奪われる危険も、(司法権の独立によって極めて小さくなったとはいえ)なお完全には払拭されていなかったから、なお免責特権の存在理由があったかもしれない。しかし議会制共和国においては、政府は議会の委員会に過ぎず、野党と全公衆の厳格極まる統制下にあり、また司法権の独立も立憲君主制におけると同様に保障されている。したがってそこで議会をそれ自身の政府から保護するということは、ほとんど意味がないであろう。確かに民主的共和国においては、立憲君主制時代の「君主権の濫用に対する保護」に代わって、議会内少数派を多数派の恣意から守るという別の意味をもつに至っているが、そのためにもこの特権が重要な意味をもつとは思われない。第一、訴追する官憲に議員の引き渡しを議決し得るのは多数派なのであるから、多数者に対する〔少数者の〕保護にはならない。そもそも訴追に対する正当な保護請求などは存在し得ない。実際上免責特権発動の場面として考えられるのは、議員が誰かの名誉を棄損し、裁判所がその議員を名誉棄損罪に問おうとした場合に、それを妨害することくらいではあるまいか。そんなことは全然正当性のないことである。議員が議会演説中に刑法に抵触する言動をとったとき、それが職務執行中ということで、「ご静粛に」とか「議題外の発言はお慎み下さい」とかと、議院規則上の警告のみで済ませている現在のやり方も全く不適当である。議会制度がその長い経験を経て、大衆の同情を失ったのみならず、それ以上に有識者の共感をも失ってきたことは、時代遅れとなった免責特権の濫用にも大きな責任がある。

それに対し選挙民に対する議員の無答責に関していえば、この原則は近時の諸憲法の規定によってすでに崩されている。すなわち最近の多くの憲法で、確かに議員が選挙民の委任に拘束されるということはないが、「ある政党に参加すると約束して、あるいはある政党に選ばれて当選した議員がその党から離党したり、除名されたりした場合には、議席を失う」という規定が盛り込まれている。「拘束名簿制」の下では、そのような規定は当然の帰結として採用される。なぜならその場合、選挙民は議員選択への発言力をもたず、ただ特定政党への支持のみを表明し得るのであるから、選挙民の立場から見ると、選ばれた議員は政党への所属のみを根拠として議席を獲得したのである。したがって議員が、選出された政党に属さなくなれば、当然議席を失わざるを得ない。もっともそれは、選挙民の政党組織が堅固でかつ相対的に永続的であることが前提である。諸政党がある選挙のためにのみ結集し、選挙後にはまた解党するのであれば、ある政党に参加するとして、あるいは政党に選ばれて当選した議員たちが、その政党に居続けることを、議席の継続の条件とするような条項は不可能である。もっともある人物がある政党になお属し続けているか否かが不明確な場合もあり得る。たとえば、ある議員がしばしば党の意向に反した投票行動をとった場合、その議員は離党したのか、とか。それゆえ、議席の喪失は、明示的な離党や除名の場合に限ることが、妥当であろう。「議席喪失要件が充足されたか否かや、議席を剥奪すべきか否かを誰が決定すべきか」は大した問題ではない。これは独立した客観的な裁判所に委ねるのが疑いもなく、最善であろう。それより問題なのは、議席剥奪手続開始の提案権を誰に与えるかであろう。この提案権を議院自身に賦与するならば、議員たちが〔少数党から〕多数党へと離党しようとした場合、さらには、離党によって多数党を作ろうとする場合に、必要な提案がなされない危険がある〔たとえば一〇〇人の議員をもつ議会でA党五五人、B党四五人の二大政党制の場合、B党の一〇人が離党してA党に参加すると、そのままでは六五対三五となるが、一〇人の議席を剝奪すると、五五対三五になる。A党はこの議席剝奪を提案したくないだろう。A党四五人、B党三五人、C党二〇人の三党鼎立状態で、C党議員の六人がA党に移るという場合、そのままではA党が五一人の絶対多数になるが、六人の議席を剝奪すると、A党は九四人中四五人で、依然半数に達しない。A党はやはり議席剝奪を提案したくないだろう〕。したがって、この提案権は離党によって不利益を受ける可能性をもつ政党自身に賦与すべきであろうか。

これよりさらに進んでいるのは、ロシアのソヴィエト憲法である。その条項によれば、諸評議会の議員は、選挙民によって常時解任され得る。この点こそソヴィエト憲法が外国労働者層の共鳴を獲得した要因である。政党組織を法律で定めることとし、比例代表選挙思想を徹底させて、その法律に従って組織された政党に得票数に比例した議員の選任を委ねることまで徹底するとすれば、今や憲法の本質的要素となった政党に議員の解任権を賦与することにも何の障碍も存在しない。そうなれば、〔A氏、B氏というような」特定個人を政党の得票数に比例して議会に送り込むことを諸政党に強制することをやめ、多様極まる領域にわたる諸問題を、同一メンバーで審議・決定させることもやめて、各政党に、法律ごとにその審議・議決に適合した専門家を中から選び、比例によって各政党に割り当てられた議決権分の人数を議員として派遣させる、というアイディアにも接近するであろう。(23)

この方向の改革論とともに、別の反論にも直面する。それは国民からの疎遠性という批判に続く第二の批判として近年唱えられている、専門知識の全くの欠如という批判である。政治の多様な領域できちんとした法律を作るためには専門知識が必要だが、現代議会制はその寄せ集め的性格からして、それが不可能だというのである。一方で自由の理念に訴え、「議会意志は国民意志を詐称するものだ、議会制は自由の理念を実現していない、少なくとも充分に実現していない」とする批判があるとともに、他方では「議会は必要な専門性を欠いている」という、逆方向の分業化論からの批判があるのである。

この議論は、分業原理をいっそう推進する。すなわち、民主主義の原理に従って選ばれ、特定事項を専門としない中央の普遍的立法機関に代えて、多様な立法領域ごとの複数の専門議会(Fachparlamente)の設立を唱える。それは行政各部門の権限分割と何らかの仕方で対応するもので、議会の専門委員会にすでにその萌芽が現れている。確かに、重要な仕事は専門委員会でかたがつき、総会は単なる投票の場に堕しているという現状がある。この専門議会は（総括機関としての普遍的・政治的議会を不要なものとすることはできないであろうが）、全国民による普通選挙によって組織されるものではなく、専門的・職能的に分割された選挙民集団から選ばれるものである限りは、民主主義廃棄論ではなく、あくまで改革論である。それは国家意志形成の職能別組織化をめざす議会制改革論と見るべきであろう。特に最近実現が志向されているのが経済議会論である。それはさし当って従来の議会と並ぶ（neben）、鑑定的・諮問的機関、さらに場合によっては停止的拒否権をもった機関として構想されているようである。この複合体によって、生産部門内部（農業と工業、製造業と商業）における多様な対立、あるいは生産者と消費者、経営者と労働者との間の対立などを調整しようとするものである。

民主主義原理によって構成される普遍的・政治的議会と、職能別原理によって組織される代表機関という両院で、国家意志を形成させようとする思想（その両院の権限は基本的に対等だということになるだろう）は、さまざまな見地から見て、問題を含んでいる。たいていの問題は、「政治問題」と「経済問題」というふうにきれいに分類することはできない。たいていの経済問題は政治的意味をもち、たいていの政治問題は経済的意味をもつからである。したがってすべての重要な問題の規制は両院の一致した議決によってのみ可能であろう。一つの立法機関が二つの部分機関から合成され、両者が全く異なった原則によって形成されているというようなことがいかなる意味をもつか、不可解である。このように構成された両院間の一致は、仮に成立するとしても、偶発的なものであろう。

第五章　職能議会

他方で、単なる改革の域を超える議論もいろいろ唱えられている。すなわち保守派の側からの、民主的議会制を職能議会(berufsständische Organisation)によって代置しようとする主張である。彼らは、国民を「機械的」組織ではなく、「有機的」に組織し、国家意志形成を多数決という偶然に委ねるのではなく、各国民集団を職能別に組織し、各集団を各々に適合的な形で国家意志形成に参与させるべきだと言う。この適合的参与とは、国民全体の構造の中での、各集団の意義に即した参与だと言う(24)。

それでは、多くの論者が「すでに寿命の尽きた」議会制に代えて導入しようとしている職能議会とはどのようなものか。それを検討するならば、まさしくこの思想を実現しようとする試みこそ、途方もない困難、その一部は解決不能な困難に逢着することが分かる。第一に、国民を職業別に組織しようとすることは、基本的には利害の共通性に基づいて組織することになるが、その分類が国家意志形成にとって考慮の対象となるすべての利害を把握することは不可能であることを忘れてはならない。職能上の関心は、たとえば宗教的・一般倫理的・美的関心と競合するが、これらの関心は相互に全く異質なもので、しかもしばしば死活の重要性をもっている。世の中には農民もいれば弁護士もいるが、彼らの関心対象は決してその職業上の問題に限定されたものではない。ある者は婚姻法の特定の形態を実現しようとし、他の者は国家と教会の関係についてのある規制を擁護する。そして誰もが、自分の職業の狭い限界を超えて、正しい、有益な秩序、あるいはともかくも我慢できるような全体秩序を求めている。これらすべての人生上の諸問題について、どの職能集団の内部で決定し得るというのか。

さらに、(すでにしばしば指摘されてきたことであるが)職能別組織は、極限まで細分化していくという自然的傾向を内在させている。なぜなら、職能集団が完全な利害共同体を形成する場合にのみ、職能思想は完結するのであるから。経済と技術の進歩に伴って、職業の数は何百にも何千にもなり、その各々が独立の組織を求める。そして独立の組織を作ろうとしても、個々の職業相互間の限界づけは、多かれ少なかれ恣意的なものとならざるを得ないであろう。ところが、異なる職能集団間は、利害共有でなく利害対立の場となるのは当然である。しかもこの対立は、個々の職能集団が共通利害を組織化することによって、いよいよ尖鋭化する。この諸集団間の多様な利害対立に、いかにして決着をつけるべきか。確かに純然たる職業上の問題に関しては、職能集団内で、団体自治という仕方によって、比較的容易に満足な解決が得られるかもしれない。同一職能集団内の労働者と雇用者の間では比較的容易に合意が成立するという事実は、大いに称揚されているが、それは他集団の同一階級所属者たちの支援がないことがその主因ではないか、というような議論にはここで立ち入る必要はないであろう。しかしともかく、極めて多くの問題、恐らくは大部分の問題は、団体成員の利害にのみ関わる純粋な内部問題とは思われない。その決定には、他の職能集団もまた利害関係をもっている。しかもその利害関係は、直接関係する集団とはたいてい異なった意味の関係である。一切は他集団とのこの対立の決断にかかっている。この根本問題への解答を、職能主義原理のイデオロギー自身から見出すことは不可能である。

　この問題への解決があり得るとすれば、それは職能諸集団間の利害対立の最終決定権を、職能原理と無関係な法律に従って創造された権威に委ねること以外ではあり得ない。その権威とは、全国民から選ばれた民主的議会か、多かれ少なかれ専制的に形成された機関かのいずれかであろう。職能組織は、その本性上分化へ分化へと向かう強い傾向を有するものであり、それと均衡をとるべき自前の統合原理を示すことはできない。「職能制憲法における国家意志形成の原理は、各職能団体の自治に委ねられる純粋の内部問題を別とすれば、諸集団全部の一致か、少なくともその決定に利害関係をもつ諸集団の一致以外ではあり得ない」とは従来主張されてきたところであり、それは全く正しい。しかしそれは当然、実行不可能である。「各集団には、各々の全体に対する重要性に即した国家意志形成への参与が認めらるべきである」とは、職能思想が民主的に選挙された議会制原理を屈服させる切り札として持ち出してきた定式であるが、それがいかに全く無内容で現実に適用できないものかは、ここに示されている。第一に、この職能思想は、代表制、したがって議会制を廃止することはできない(しばしば廃止を唱える者もいるが)。そこで民主的代表制に代えて、別の代表制を持ち出してくる。民主的代表制とこの代表制の相違はどこにあるか。民主制においては、直接であれ間接であれ、選ばれるのは政党であるが、職能制においては職能的に組織された集団がそれに代わる。なぜなら職能集団内部においても直接的意志形成は現実に不可能だからである。ということは、結局現実には諸職能合同議会(Ständeparlament)である。

第二には、各職能団体に認める重要性の程度を誰が定めるか、その序列を誰が認定するか、その場合どのような基準によるべきかを、まず確定しなければならない。実はこれらの問題は解決不可能なものであるが、仮にそれが解決され、各職能集団が各々の重要性に比例した代表を派遣した議会が形成されたとして、そこでいよいよ「その職能代表議会においてどのような原則により統一意志が形成され得るか」という問題に直面する。仕方なしに多数決という「機械的」原則に助けを求めるか。そんなことをして、そのような代議機関形成の基礎に職能組織を置く意味はあるのか。その代表議会において多数派が少数派を(全面的にか部分的にか)多数決で破るとすれば、そのことを意味づけるためには、その議員が特定職業の成員ではなく、国家全体の一員であると前提し、したがって自分の職業の問題だけではなく、原則として国家秩序形成の対象となるあらゆる問題に関心をもつ者であるような議員選出規則を基礎とする方が正当なのではないか。このことこそ、職能議会が民主的議会に全面的に取って代わることができないことの窮極的根拠である。職能議会は、民主的議会(ないし君主)の横にあって、決断者としてではなく、単なる助言者として存在し得る。その主要な役割は、立法に際して考慮すべき利害を明るみに出し、本来の立法者に情報を与えることに限定される。職能による組織化という思想は、国家形態の問題を解決するには不充分であり、「民主主義か専制主義か」という重大問題とは関わらない。

この事態を見るならば、歴史上登場した職能議会が、常に一つの、あるいは幾つかの集団の他集団に対する支配の試みの形態に過ぎなかったとしても不思議でない。そして結局、「近時再興している職能議会導入の主張は、国家意志形成に対するすべての職能集団の有機的な、正しい参加を求めるものというよりも、むしろ民主憲法の下では政治的成功が得られそうもないと感ずるある種の利害集団の権力要求ではないか」と推測しても、全くの見当違いではないであろう。ブルジョワジーの側から職能議会論が唱えられ始めたのが、これまで少数派であったプロレタリアが多数派になり、これまである集団の政治的覇権を保障してきた民主的議会が、その集団に対する敵対者になる恐れが出て来たまさにその瞬間であったとは、興味深いことではないか。職能による分類が利害共同体を基礎とするものにならざるを得ないとすれば、その分類が国家意志形成の第一次的・決定的要因となる見込みはない。なぜなら実際上職業的利害以外の利害の方が強力だからである。さまざまな職業に従事する、否、全職業の無産の労働者が、(事実その通りかは別として)同じ職域の資本家的雇用者とよりもいっそう緊密な利害共同性をもって結びついていると感じ、雇用者の側もこの否定できない事実を前にして、職能の壁を破壊し、利害共同体へと結集している限り、社会状態自体から成長してくる職能組織、現在の民主的議会政体に取って代わる職能議会などというものは成立しないだろう。ただし、その職能議会が多かれ少なかれ専制的型に接近しない限りは。ということは、実際には一階級の他の諸階級に対する独裁的支配なのであるが。

第六章　多数決原理

議会制の多数決原理は、まさにこの階級支配を阻止するためにこそ適していることは、この原理が経験上少数者保護と親和的であることにすでに示されている。なぜなら、多数派ということは概念上少数派の存在を前提としており、それゆえ多数者の権利は少数者の存在権を前提としているからである。そこから、多数者から少数者を保護することの(「必然性」とまでは言えないかもしれないが)「可能性」が帰結される。いわゆる基本権・自由権・人権・市民権の本質的役割はこの少数者保護である。これらの権利は、近代のすべての議会制民主主義憲法において保障されている。元来これらの権利は、執行権に対し個人を保護するものであった。当時はなお執行権は絶対君主制の法原理に依拠し、「公共の利益」の名のもとで、法律が明示的に禁止していない個人の領域に介入する権限をもっていた。しかしやがて立憲君主制・民主共和制において、行政も司法も法律の特別な授権を基礎としてのみ可能となり、執行の合法律性の原則はいよいよ明確に意識されるに至って、基本権や自由権の立法化は、特定の憲法形式に従って行なわれるという前提でのみ意味をもつに至った(25)。ということは基本権・自由権として個々的に規定された領域への執行権の介入は、通常の手続で創造された法律ではなく、特別な手続で創造された法律を基礎としてのみ可能だということである。単純法律に対する憲法法律の相違の典型的な形式は、高められた定足数と三分の二、四分の三というような特別多数決である。理論的には直接民主制においても、そのような単純法律と憲法法律の区別は可能であろうが、実際上は議会制的立法手続においてのみ、この区別は問題となる。全民集会においては、腕力で押し切れるという意識がまだ強すぎ、過半数の票を得た勢力が、特別多数決制度に保護された少数者に対して、意志の貫徹を断念する〔たとえば六割の票を得たのに採択されなくて我慢する〕忍耐力を長期的に保ち続けることは難しいだろう。そのような理性的自制が憲法上の制度として可能となるのは、議会手続においてのみである。ということは、基本権・自由権のカタログは、個人を国家に対して保護する制度から、一定以上の票数を得た少数者を単純多数決から保護する制度へと変化したということである。すなわちある民族的・宗教的・経済的領域、あるいは(一般の)精神的利害領域への介入は、一定以上の票数を得た少数者の合意を得てのみ可能であり、その意志に反して、すなわち多数者と少数者の間の了解なしには不可能だということである。最初は、民主主義の原則を実現するに当って、その観念に最も適合するのは単純多数決の原理のように見えた。ところが今や、ある場合には特別多数決原理の方が自由の理念にいっそう接近することが明らかになった。すなわちその方が、団体意志形成における全員一致への方向性を示すものだからである。

このことこそ議会制手続が我々に教えることである。我々は多数決原理においても、イデオロギーと現実を区別しなければならない。イデオロギー上は、すなわち民主的自由思想の体系における議会制手続の意味は、被治者の意志と最大限一致する団体意志を形成することである。自由とは自律であると前提するならば、団体意志と個人意志との間の対立部分よりも一致部分の方を大きくすること(前述したように、多数決原理だとそうなるのであるが)、これが可能な自由の価値の最大限の実現である。「多数者が少数者をも代表する」「多数者の意志が全体の意志である」という擬制を受け容れないならば、多数決原理は多数者が少数者を支配するという形をとるはずである。ところが現実はたいていそうなっていない。「算術の偶然」といううまい言い方があるが、社会の現実はまずこれに反抗する。実際に重要なのは数字上の多数ではない。いわゆる多数決原理をきちんと守りながら、実際には数字上の少数者が数字上の多数者を支配することがある。あるいは隠微な仕方で、たとえば選挙技術上の何らかの作為によって、政権担当集団が外見上多数派とみなされていることもあり、あるいは公然と、いわゆる少数派政権が、イデオロギーとしては多数決原理にも民主主義にも反しながら、民主主義の現実型には立派に適合しているという場合もある。社会的現実を直視する考察にとって、多数決原理の意義は、数字上の多数者の意志が勝利することではなくて、多数決原理という思想が受け容れられ、このイデオロギーの実効的支配の下で、社会共同体を形成する諸個人が、基本的に二集団に分類されるところにある。重要なことは、多数を形成し獲得しようとして、社会内に存在する相違・対立への無数の衝動を、唯一の基本的な対立点に従属させ、結局は支配権を争う二集団の対立に集約することである。両集団は、数字上の優劣はともかく、その政治的重要性、社会的影響力においてはそれほどの相違はない。多数決原理を社会学的に特色づけるのは、さしあたって社会的統合力である。

多数決原理の現実化における重要事が、数字上の多数ではないということは、社会的現実においては多数者の少数者に対する絶対的支配などは存在しないという事実と密接に関係している。なぜ存在しないかと言えば、いわゆる多数決原理によって形成された団体意志は、多数者の少数者に対する一方的支配としてではなく、両集団の相互的影響の結果として、相対立する政治的意志方向の合成力として生ずるものだからである。多数の少数に対する一方的支配は、永続的には決して可能でない。第一、全く影響力のない状態に置かれた少数派は、団体意志形成への形だけの参与、自分たちにとって無価値であるばかりか有害な参与は放棄するであろうからである。そうなれば、多数派は多数派としての性格そのものを失うことになる。そもそも概念上、多数派というものは、少数派なしにはあり得ないはずであるから。少数派には、まさしくこの脱退可能性が、多数者の決定に影響を与える手段となる。これは議会制民主主義に特に当てはまることである。なぜなら、議会制手続というものは、主張と反主張、議論と反論の弁証法的・対論的技術から成り立っており、それによって妥協をもたらすことを目標としているからである。ここにこそ、現実の民主主義の本来の意義がある。それゆえ多数決原理は、むしろ多数－少数原理と呼ばれている。この原理は、規範服従者の全体を多数者と少数者という二つの集団に基本的に分類し、全体意志の形成に際して妥協の可能性を創り出す。多数派集団と少数派集団が形成されるのは、他ならぬこの妥協によるものであり、この原理は、妥協への強制によって、この最終的な統合を実現するのである。妥協とは、分離力を抑制し、結合力を促進することである。すべての交換、すべての契約(Vertrag)は妥協である。妥協とは折り合う(sich vertragen)ことに他ならない。議会制における多数決原理が政治的対立の妥協の原理、調整の原理であることは、議会慣行を一瞥《いちべつ》するのみでも明らかである。対立する利害の中間線を引くこと、対立方向に向かっている社会力の合成力を作り出すこと、これこそが議会手続の全体が目指していることである。この手続は、議会に代表を送る諸集団の多様な利害に発言の場を与え、公開の手続で主張することを保障する。議会手続の特殊弁証法的・対論的過程がいっそう深い意味をもつとすれば、それは政治的利害の主張(Thesis)と反主張(Antithesis)の対立から、何らかの綜合(Synthesis)をもたらすこと以外にはあり得ない。一部の論者は、現実とイデオロギーを混同して、議会制がもたらそうとする綜合は、「高次の」真理、絶対的真理、諸集団の利害を超えた絶対的価値であるとするが、そうではなく、ここでの綜合とは妥協である。

「議会はいかなる選挙制度を基礎として形成さるべきか」「議会制民主主義の観点から見て、多数代表制と比例代表制のいずれがすぐれているか」という問題も、この見地から判断さるべきである。結論は結局後者の方が良いということになるだろう。これは比例代表制の隠れた政治的意義を明るみに出すような分析から生ずる結論である。比例代表制においては、各政党は、議席配分において、その得票に比例する議席を獲得する、すなわち「固有」の比例的な議席を与えられる。そうなると「統一体としての議会を設定するのは全体としての「国民」だ」という思想を放棄しなければならなくなる。各政党がその得票数に比例した発言力をもつように技術的に構成された選挙制度を求めるということは、選挙行為の主体を全有権者ではなく、部分有権者集団としようとしていることを意味する。この部分集団は、選挙区を単位とする選挙制度と異なり、不自然な属地主義ではなく、属人主義に従って形成される。恣意的に境界線が引かれた地域住民ではなく、党員たち、共通の政治的信念をもつ者の全員が団体を形成し、その団体を基礎として議席が分配され、その意志によって議員が指名される[26]。この選挙母体は、共通の政治的信念をもつ人々によって構成されているから、その内部に争いは存在しない。もっとも比例代表制にもいろいろな可能性があって、党へのすべての投票が名簿上の候補者たちに均等に配分されない場合もあり得るが、その場合でも、(同一政党の候補者の得票数がまちまちになることはあり得ても)多数決原理の支配下にある有権者集団における場合とは意味が異なっている。比例代表制において、一政党員の投じた票の合計は、他の政党に投じられた票の合計に敵対するものではなく、それと並存するものである。それと同様に、同一政党の個々の候補者に投ぜられた票は、相互に対立的でなく並存的である。それらは全体の結果に向かって補強しあう。比例代表制の理想状態においては、多数対少数ということが存在しないから、敗者も存在しない。そこでは、当選するためには過半数の票を獲得する必要はなく、「最低限」で足りる。この最低限を計算することが、比例代表選挙特有の技術となっている。選挙の全体的結果から判断し、比例代表制によって成立した議会を統一体として、それと全体としての有権者集団を対比するならば、ある意味において（しばしばこれこそが比例代表制の本質だと主張される）、「この議会は有権者全員によって選ばれたもので、反対の選挙民はいない。すなわち全員一致で選ばれたものだ」と言われる。もとよりこれは、理想状態の場合にのみ当てはまることである。なぜなら実際には、議席獲得に要する得票の最低限に達せず、代表を出せない少数党も存在するであろうから。比例制という思想は、得票数と選ばれた議員数が比例すればするほどよく実現される。極限においては、選ばれる議員がたった一人という場合が考えられる。「このような場合には比例の理念はそもそも実現不可能なのだ」と言うのは誤っている。そこではすべての選挙民が一人の候補者に投票するならば、その理念は実現されている。この場合こそが、本来の意味での全員一致である。他方の極限としては、一票のみを投じられた、考えられる限り最小の政党も、比例代表を認められるかという問題がある。これはまさしく代表制度の否定であり、選挙人の数と同数の被選挙人が存在すべきだということになる。これすなわち直接民主制の状態である。比例代表制の理念をこの極限まで突き詰めて考えなければならないのは、その不条理性を明らかにするためではなく、この理念に内在する窮極目的の深い意味を明るみに出すためである。それこそが比例代表制を「正義」であると多くの人々に思わせる核心的原則を明るみに出すゆえんである。これこそが自由の原理であり、根源的民主主義の原理だからである。「私は、自分自身がその決定に参加した法律にしか屈従する意志をもたない。そしてまた、仮に私が国家意志形成に関して誰かを代表者として承認するとすれば、それは私がその地位に就けた者、私の意志に反しない者でしかあり得ない」というわけである。

こうして比例の理念は民主主義のイデオロギーと接合する。他方、この理念を現実化しようとする時にとる形態は議会主義である。この結論は以下の考察から帰結される。

もし議会選挙において多数決制度が、選挙区幾何学の偶然に左右されず、純粋に適用されたとすると、議会には多数派のみが代表を送り、少数派代表は存在しないことになる。比例代表手続の意義は、基本的には、多数決選挙制と選挙区制を結合し、議会に反対派をも存在させる工夫の合理化に他ならない。反対派がいなければ、議会手続は、その本来の意義を達成できないであろう。この意義が正当に認識されるならば、肝心なことはもはや、議会に少数派が登場するか否かというようなことではない。最大の重要事は、すべての政治集団がその勢力に比例して議会に代表されていることであり、何よりも、それによって実際上の利害状況が議会に表現されていることである。これこそが妥協を可能にする原理的前提である。したがって、比例代表制に対してしばしば提出される批判、「比例代表制においてはすべての少数派が比例に応じて代表されるが、結局のところ、本会議の議決では多数決原理が支配するのだから、無意味だ」という反論も正当性を失う。なぜなら、少数派が多数意志形成に作用し得る電気感応のような影響力は、議会における(単数または複数の)少数派の勢力が大きいほど重要性を増すからである。疑いもなく、比例代表制は、自由への趨勢、多数派の意志が無制限に少数派の意志を支配することを阻止する趨勢を強化する。

「比例代表制は少数党、否、極小政党形成の誘因となり、小党分立の危険をもたらす」

という批判がある。この議論は不当ではない。確かに、議会に絶対多数をもつ政党がなくなり、議会手続に不可欠な多数派形成を極めて困難にする可能性があるだろう。しかし、さらに立ち入って考察すると、比例代表制は、この点に関して、政党間の協力を不可避とし、小異を抑えて最重要の共通関心事において結合する必要性を、選挙民の領域から議会の領域に移すという意味をもつ。こうして多数決原理によって否応なしにもたらされる、政党間協力を基礎とする政治的統合は、社会技術的に見て決してマイナスではなく、かえって進歩である。この統合の促進が、選挙民大衆の間におけるよりも、議会内において円滑に行なわれるだろうことを、まともな論者が否定することはあり得ない。政治的利害諸集団への分化は、比例代表制によっていっそう促進されるが、それは多数決原理によって保障された有効な統合の他ならぬ必然的前提をなすものと見るべきである。比例代表制は、他のあらゆる選挙制度以上に、有権者が政党に分岐していることを前提しており、政党への組織化が不充分であるところでは、明らかにその組織化を加速し、強化する傾向を有している。これは「政党も国家意志形成の憲法上の機関となる」という、前述した方向への決定的な一歩を画するものである。そればかりでなく、比例代表制がこのような作用をもたらさないところでも、我々が、民主的多党国家の本質をなすものと見たあの結果、そこでの角逐がもたらすあの効果の実現を期待することができる。ここでは単一集団の利害が国家意志になるのではない。ここでは国家意志の決定は、諸集団利害が複数の政党に組織されて露骨に角逐しあい、やがて妥協的決着に至るという過程を通じて実現される。国家意志が一つの党派利害の表現であるべきでないとすれば、可能な限りあらゆる党派利害が自己主張し、相互に競争することの保障が必要である。その結果、最終的には諸利害間の妥協に至る。まさしくこの保障こそが、比例代表制を基礎とする議会手続のもたらすものである[27]。

こうして我々が議会手続を支配する多数決原理の本来の意味を理解するならば、議会主義において最も困難で危険な問題の一つ、すなわち議事妨害の問題をも正しく判断することができる。議会手続を規律する諸規則、特に少数派に認められた権利は、少数派が議会の仕組みを一時的に麻痺させることにより、その意に沿わない決定がなされることを困難にし、さらには不可能にするために濫用される可能性をもっている。議事妨害にも、いわゆる「技術的」議事妨害と「物理的」議事妨害が区別される。前者は、長時間演説、記名投票要求の濫発、本来の議事に先立って審議すべき緊急動議の提出など、議事規則に違反しない形でのもので、後者は、騒ぎ立てたり、器物を損壊するなど直接・間接の実力行使により議会手続を麻痺させるものである。後者は形式的に違法であることからしても、何の正当性ももたない。前者も、議会の意志形成をそもそも不可能にする(überhaupt unterbinden)ものであれば、議会の議事規則の意義や精神に反するものと判断される。しかし議事妨害を多数決原理に反するものとして絶対的に(schlechthin)否定することは、多数決原理を多数派支配と同一視しない限り不可能であり、その同一視は正当でない。実際上議事妨害は、議会意志形成をそもそも不可能にする手段としてではなく、多数派と少数派の間の妥協をもたらそうとして遂行されることも稀でない。

ここに民主主義の現実型と専制支配の現実型との明確な対立が現れている。後者においては、支配的国家意志の形成に際して、相対立する政治的意志方向を調整する可能性が全く、あるいはほとんどない。なぜならそこでは、政治的潮流とそれに対する逆流の存在可能性がそもそも欠けているからである。それゆえ民主主義と専制支配とでは、政治心理の状態が異なっている。民主的制度のメカニズムは、大衆の政治的情念を社会意識の領域に引き上げ、相互作用によって相殺させることを目指しているのに対し、専制支配における社会的均衡は、それと正反対に、政治的情念を、個人心理学における潜在意識にも喩えられるような領域に押し込んでしまうことにより図られる。これに現代精神分析の抑圧理論を応用すれば、当然「革命的心情の増大」という結論となる。それゆえにまた、専制支配においては、支配意志に対する個人の服従は、民主主義の場合とは異なった意味をもっている、というよりも、一般的にそれに伴う情調(Gefühlston)が異なっている。「私が屈従すべき法律は、私の選んだ人物の参加の下で制定されたものだ」という意識、「その人物が同意して、あるいは少なくとも、内容決定に一定程度参与して、成立したものだ」という意識は、それへの服従を受け容れる態度をある程度作り出すのではあるまいか。確かに独裁制においても服従を受け容れる心理は存在するに相違ないが、その心理的源泉は異なっているであろう。民主主義の社会契約論・国家契約(Staatsvertrag)論は、イデオロギー的擬制には相違ないが、しかし民主主義の前提する社会的均衡状態は、心理学的現実において、実際に「お互いに折り合っていく」(Sich-gegenseitig-*vertragen*)態度に基づくものではないか。それに対し、独裁制の専制支配の現実において支配しているのは、「ともに支配の重みに堪える(*ertragen*)」ことのみである。

多数決原理を現実に適用するに当っては、いわば自然的な限界とも言うべき一定の限界がある。多数派と少数派が相互に折り合う(sich vertragen)ためには、相互に了解し合う(sich verständigen)必要がある。社会的意志形成参与者の相互的了解のために必要な実際上の条件としては、ある程度の社会の文化的同質性、特に言語の共通性がある。国民(Nation)というものが、何よりも文化的・言語的共同体であるならば、多数決原理も一つの国民的統一体の内部においてのみ充分な意味をもつ。したがって少なくとも、超国民的・国際的共同体、特に諸国民混住のいわゆる多民族国家においては、民族文化に関する問題の決定は中央議会の権限外に置かれ、自治に、すなわち属人原理によって組織された民族共同体(部分集団)を代表する議会の決定に委ねられざるを得ない。「多数決原理を現代の全人類集団に適用すれば馬鹿げた結果になる」とはしばしば言われることであるが、それは多数決原理そのものの問題なのではなく、〔実際には集権的でない〕世界秩序に無理にこの原理を当てはめようとしたところに問題がある。

　マルクス主義者の側からは、「多数決原理は、副次的な、いわば単に技術的な意見対立の克服には適合するが、死活の利害対立の調整には不適当であるから、成員の完全な利害共通性のある社会においてのみ適用され得るもので、階級対立により分裂した社会には適用不可能である」と主張されている[28]。この主張も上述したところから判断され得る。それへの反論として、「そもそもあらゆる方向において本質的に利害が調和する人間社会などは存在しない。利害の調和は、永続的に更新されてゆく妥協によってのみ達成される。なぜなら、枝葉末節の意見対立も死活の利害対立となり得るのだから」などという議論にはここでは立ち入らないことにしよう。階級分裂社会において、民主主義的議会制の基本形式である多数決原理を否認する彼らの議論は、この原理がその社会に適合しないという認識よりも、むしろ階級対立を平和的調整によってではなく、革命的暴力によって、民主的でなく、専制的・独裁的に克服しようとする意志を基礎としている。だがその意志は合理的には正当化されない。多数決原理の否定は、(正当か否かは別として)彼らの妥協否定の帰結である。多数決原理はその妥協の前提を創造するものであるから。自由の理念は、社会秩序服従者の全員一致によってこの秩序を創造することを要請するが、妥協はまさにこの理念に基づく全員一致への現実的な近似であるから、多数決原理もまた同一方向を志向する政治的自由の理念であることが判明する。もし唯物史観の教えるように「社会の発展は必然的に、利害対立する二大階級への分裂へと導かれる」のがその通りであるとすれば、(またあるマルクス主義的理論家が最近論証したように)(29)「この両階級間関係はある種の力の均衡状態に到達し得る(否、必ずそうなりそうだ)、もうすでにそこここでそれが現実化している」というのがその通りであるとすれば、そして「その均衡状態の攪乱や廃棄は、経済の側からは当分期待できない」とすれば、社会主義理論にとっての問題はもはや、かつて繰り返し設定された「形式的民主主義か独裁か」ではない。なぜなら、その場合、民主主義こそが事実上の権力状況に適合した唯一の表現形態である。民主主義は(ひょっとして一時的に成功するかもしれない)独裁の試みに対抗しつつ、たゆまず求められるべきものの政治的表現形態だからであり、その場合、民主主義こそが、左右に揺れる政治的振り子が最後に戻っていくはずの静止点だからである。いわゆるブルジョワ民主主義に対するマルクス主義的批判者たちが強調したように、「重要なのは現実の社会的力関係である」とすれば、議会制民主主義の国家形態、およびそれと結びついた多数–少数原理の基本的二大政党制こそが、基本的に二大階級に分かれた現代社会の「真の」表現ではないか。慨嘆することはできても否定することはできないこの激しい対立を、流血革命によって破局に導くのではなく、平和的・漸進的に調整することのできる形式があり得るとすれば、それは議会制民主主義という形式である。そのイデオロギーは、社会的現実においては到達できない自由であるが、その現実は平和である。

第七章　行　政

団体意志ないし社会秩序が、単一の平面ではなく、基本的に段階的に、少なくとも一般規範と個別行為という二段階を経て展開するという事実、社会的意志形成の過程においてこの二つの全く異なった機能の区別が必要だという事情は、社会的分業の法則と結びついて、先に示したように、すべての国家的・国家類似的団体に、議会のような機関が形成されるという結果をもたらす。それは取りも直さず、イデオロギーにおいて要請された自由への制約が作り出されたことを意味する。さらに、長く看過されてきたことであるが、団体意志形成のこの段階的性格から、自由へのもっとデリケートな障碍がもたらされた。この障碍がようやく意識されるに至ったのは、民主的諸政党が政治権力に到達し、民主主義というその理想を社会技術的に実現しようと試みた時点のことであった。それ以前は、人々は立法機関の形態の改革、すなわち一般規範創造機関の形態変革（普遍的で平等な選挙権、国民投票制等）の要求で満足していたが、これらの要求が実現されるや否や、国家意志形成過程の第二段階の民主化という問題が起こったのである。すなわち、個別国家行為の民主化、(司法と行政を一括した名称である)執行の民主化の要求である。

注目すべきことは、この執行民主化の要求を強く主張したのは、概して民主的綱領を掲げて政権に就いた多数党よりも、他の点では格別民主主義原理を強調しない少数党であったという事実である。しかも少数派であった時には行政の民主化を要求していた同じ党が、多数党になると、その要求を拒否するか、そうでなくても、躊躇し、重要な留保を伴いつつ同意したのであった。こういう態度をとったからといって、「民主的党派は権力を握ると民主主義原理を裏切る」ことを意味するわけではない。それどころか彼らは、政権に就いても、相変わらず民主主義原理を擁護した。どうしてこういうことになるかというと、それは国家意志形成過程の独自の性格、その段階構造、二つの機能の性格の相違によって、一方の民主化が他方の民主化とは全く異なった効果をもつからである。一般規範を創造する機能、いわゆる立法機能は、(相対的に)自由な意志形成であり、他方の機能、いわゆる執行機能は、(相対的に)拘束された意志形成である。執行は、その本性上合法律性(Gesetzmäßigkeit)の観念の支配下にあり、合法性(Legalität)の観念は、国家意志形成のある段階においては、民主主義と矛盾するのである。

一見すると、「執行民主主義は立法民主主義の帰結であり、民主的意志形成形態が執行過程をも支配するとき、民主主義の観念もいっそうよく結実する」というように見えるかもしれないが、決してそうではない。立法の民主主義が前提されたとしても、だからといって執行の合法律性が民主的形式によって保障されるというわけでは決してない。確かに議会による最高執行機関の民主的選挙およびその機関の議会に対する責任という制度は、この機関の活動の合法律性(すなわち民意の実行)にとって(唯一可能なものではないにせよ)ある程度の保障となることは認めなければならない。しかし議会に対する責任という点に関してさえ、独任機関による執行という専制的内閣制度の方が、民主制の特徴をなす合議制よりも、適当であることは明らかである。合議制においては個々の閣僚の責任感が弱まるばかりでなく、責任追及も困難である。そして、合法性原理(Legalitätsprinzip)と民主主義原理の間の矛盾は、比較的大きな団体において明確に現れる。そこでは分権化の必要、「社会団体を地域的に分割せよ」という要求が出てくることが社会技術的に避け難く、この点でも国家意志形成過程の二段階の機能的相違が現れる。一般的意志形成(いわゆる立法)よりも、個別的国家行為の創造(いわゆる執行)はずっと高度の分権が可能であり、必要である。分権によって形成された中級執行機関・下級執行機関を徹底的に民主化することは、まさしく立法民主主義が廃棄される危険を意味する。国家の領土が邦などの大行政区域に区分され、それがさらに郡などの小区域に細分され、その区域の行政が(民主主義の理念に従って)住民に選挙された議会(Kollegien)に委任されて、邦議会は中央政府の直接支配下に、郡議会は邦議会の支配下に置かれると、その自治体においては(特にその政治的構成・多数派が中央議会と異なっている場合には)、その行為の合法律性が最高の目的とはみなされず、中央議会の定めた法律と意図的に対立する態度がとられがちなことも、ありそうだと言うより必至だと言ってもよい。中央議会で表明された全体意志は、個々の自治体の部分意志によって麻痺させられる危険がある。最初の自由の観念は、多数決原理によってその性質を変えたが、ここでは、最初の自由の観念が、なお社会的統一体を個々のアトムに解体しようとする本来の無政府的傾向を失っていないとも言えよう。もっとも、この危険に対応し、民主的に組織された下部機構・自治体の法律違反行為を無効にする組織技術的手段が存在しないわけではない。しかしこれらの諸手段はいずれも、下位の行政区画における意志形成を民主化する方向に沿うものではなく、むしろそれを抑制しようとするものである。執行の合法律性(そこでの「法律」とは、民主的立法の下では、国民意志に他ならず、民主主義そのものなのであるが)は、中級執行機関や下級執行機関においては、中央に任命され、中央に責任を負う独任機関、すなわち専制的組織による方が、自治体によるよりも、維持されるのである。

このことはさらに、合法性原理を追求すれば、民主主義原理を基礎とする国家には、官僚制の導入が必然だということを意味する。民主主義原理が、すでにあらゆる党派闘争を超越する基本原理となっているような国家、たとえばアメリカ合衆国においても、国家の行政任務・執行機能が拡大するに伴って、官僚化が進行しているが、そのことのいっそう深い根拠はここにある。これを単に民主主義の弱体化と見るのは誤りであろう。民主主義と官僚制を絶対的敵対者と見るのは、現実をありのままに見る観察の結果ではなく、もっぱらイデオロギーに捉われた観方の産物である(30)。むしろある前提の下では、官僚化は民主主義存立を確保することになる。なぜなら、民主主義原理が行なわれるのは、何よりももっぱら最上層においてである。国家はその低層において常に新たに自らを再生させているが、民主主義原理がその層に立ち入ろうとすると、一般意志形成の領域におけるその支配力(すなわち民主主義原理そのもの)を疑問に曝すことにならざるを

得ないのである。(31)

立法の民主主義と執行の民主主義の間に存在する機能的対立、およびそれに由来する民主的立法と専制的・官僚的執行が結合する傾向が示すものは、執行の民主化、特に行政の民主化が立法機能の内容上の弱体化をもたらす可能性である。すなわち民主的に組織された執行機関の活動、つまり自治体の活動を、法律違反となる危険領域から可能な限り遠ざけるべきであるとすれば(この点に関連して注意すべきは、そのような、民主的に組織された執行機関をもつ自治体こそが、合法律性を保障する最も重要な要因である責任(Verantwortung)をほとんど没却してしまうという事実である)、その活動を、法律の容認する自由裁量の範囲に限定する必要がある。民主的行政の機能を発揮させようとすれば、自由裁量の及ぶ範囲の拡大が不可欠である。ということは、行政民主主義は分権化への強い傾向を内蔵しているということである。部分意志は全体意志の犠牲の下でのみ発動し得る。中級行政機関・下級行政機関に自由裁量範囲を厳守させるためには、(上級機関に任命されるか、そうでなくとも上位機関に責任をもつ機関、上級機関が罷免可能な機関のような)専制的な機関が設定されなければならない。こうすることによって中級・下級の行政機関は、民主的でかつ専制的な拘束を受けることになる。立憲君主制もまたこういう特性をもっていた。ただし立憲君主制においては、民主的形態と専制的形態の混合が、国家意志形成の最高段階である立法において行なわれたから、専制主義による民主主義の麻痺（ないし民主主義による専制主義の麻痺）の可能性も否定できなかった。それに対し、民主制においては、混合政体の原理は中級と下級に限定され、それは純粋に民主的な国家意志形成が行なわれる最高層の支配下にある。したがってそこでは民主主義の動揺を恐れる必要はなく、その強化が期待できるのである。

合法性の理念は、民主主義への制約を伴わざるを得ないとはいえ、民主主義実現のためには維持されざるを得ない。そうであるとすれば、執行の合法律性を保障するためのもろもろの統制制度を求めざるを得ない。「この統制は民主主義の本質に反する」としてこれを排斥するのは、近視眼的デマゴギー（大衆煽動）である。ここで何より念頭におかれているのは行政裁判制度である。この裁判の権限は、行政行為が、民主化され、政党政治の影響を受ける機関によって設定されるようになればなるほど、拡大され、強化されなければならない。しかし司法による審査が有効かつ必要なのは、個別的行政行為のみならず、一般規範（命令もそうだが、特に法律）もである。命令に必要なのは合法律性の審査であり、法律に必要なのは合憲性の審査である。合憲性の審査は憲法裁判所の任務である。この憲法裁判所の役割は、民主主義にとって極めて重要である。なぜなら、立法過程において憲法を擁護することは、少数派にとって格別重要な利益だからである。先に見たように、定足数や多数決についての憲法規定は、少数派保護のための制度である。それゆえ少数派は、民主主義の本質にとって極めて重要なその政治的存立と現実的意義を確保するために、また多数派の恣意的支配に委ねられず、憲法が単に不完全法(lex imperfecta)〔憲法という名だが実際にはその役割を果たさない法〕になってしまわないために、憲法裁判所への直接・間接の提訴が可能でなければならない。現代民主主義の運命は、これらすべての統制制度を体系的に整備できるか否かに、大きく依存している。統制のない民主主義は、長期にわたって存続することが不可能である。この合法性原理という自己制限が失われるとすれば、民主主義は自己解体するであろう[32]。

民主主義原理が、自らの存立を維持するために、その支配領域を、基本的には立法手続と最高執行機関の任命に限定せざるを得ず、執行(司法と行政)と呼ばれる国家意志形成段階からは身を退かねばならないとすれば、政党の活動領域も、それと同時に定まる。すべての執行は、概念必然的に合法性原則の支配を受けるのであるから、その支配下にある司法や行政庁の法律執行への政党政治の影響はすべて排除される。これこそが、民主主義における(否、すべての国家における)国家機能の「脱政治化」の要求が唯一もちうる正統な意味である。この要求が意味をもつとすれば、それはこの制約の下においてのみである。立法を脱政治化するなどということは、立法の自己廃棄であろう。なぜなら立法の内容決定は、唯一の団体利益の独裁によるか、複数の団体利益間の妥協によるか以外の方法は存在しないからである。法律の議決によって、特定の政治的価値が実定法としての拘束力をもち、ある政治的方向(唯一の方向でもあり得る)が合憲的に定まったからこそ、その法律の執行に当っては対立する政治的利益間の闘争がもはや起こらないのである。それゆえにこそ、法律執行に対する政党よりの影響の排除という制限された意味における脱政治化の要請が正当性をもち、この要請は政党活動の最大限の容認や政党存在の憲法上の保障と、両立し得るのである。それればかりではない。まさしくこのことによって、政党による法律違反活動への限界設定も可能となるのである。すなわち「政党の活動領域は立法であって執行でない」という限界設定である。

専制支配も民主主義も、国家の規模がある程度以上になり、文明が一定水準に達すると、分業的に活動する、合議的な、すなわち議会風の立法機関を創り出そうとしてきた。他方で専制支配も民主主義も、一定以上の規模になり、文明が一定の水準を超えると、部分的には同一の理由から、必然に迫られて、執行機能を果たす官僚制を創り出した。この事情によって、現代諸国家は、その現実の構造がある程度接近した。しかもこの実態の近似化は、イデオロギー上の相違・対立が維持されたままで実現した。これは憲法（国家意志形成の方法と形式）の領域におけるのと同様に、規範内容の領域、実体法の領域においても見られる画一化の傾向である。現代国家における民法や刑法の規定がいよいよ近似化する傾向は、現代において見紛うことのできない事実となっている。

第八章　統治者の選択

民主国と呼ばれる国家の現実の平均的イメージと、自由という民主主義のイデオロギーとを突き合わせてみると、このイデオロギーと現実は途方もなく相違していて、まず疑問となるのは、この相違のままで永続し得るのかということであろう。「民主主義のイデオロギーのもつ特有の役割とは、まさしく、社会的現実の中では救い出すことが不可能な自由の幻想を堅持することではないか」と思われても不思議でない。それはあたかも、人類永遠の憧憬に発する「自由」という明るいメロディーが、社会的現実の鉄鎖という陰鬱な曲想を強引に抑え込もうとしているかのようである。民主主義の自由理念が社会的拘束という現実の中で果たす役割は、（心理学の教える）人間意志の鉄鎖の因果的被拘束性を前にした、自由意志という倫理的幻想の役割のようなものである。この二つの問題群の間に存在するのは、単なる外面的並行性に尽きない、深く内在的な結びつきである。

民主主義と呼ばれる社会的現実を、その固有のイデオロギーからのみ理解しようとすれば、(「言葉の厳格な意味に解するならば、かつて真の民主制が存在したことはなかったし、今後も決して存在しないだろう。多数者が支配し、少数者が支配されるというのは、自然の秩序に反するのだ」という)ルソーの悲観的な嘆息(『社会契約論』第三編四章)も恐らく正しいであろう。しかし我々は、イデオロギーの固有法則性と固有の意味の認識を、そのイデオロギーを制約する現実の法則と意味としてそのまま受け容れるのみであってはならない。現実はイデオロギーから完全に独立してはいないが、その法則性と意味は恐らくイデオロギーのそれとはかなり異なったものであろう。我々のなすべきことは、そのような現実の法則性と意味を探求すること、社会事象の主観的意味とともにその客観的意味を探求することである。

民主主義の理念に適合するのは、統治者の不存在である。プラトンはその『国家』(第三編九節)において、「理想国において、卓越した能力の持主、天才はいかに処遇さるべきか」という問いについて、ソクラテスに次のように語らせているが、まさしくこの言葉こそ、民主主義のこの精神に発するものである。すなわち、「我々は彼を、崇拝・驚嘆・敬愛に値する者として尊崇するだろう。しかしそれから彼に――貴方のような人間は我が国には存在せず、存在が許されてもいない」と告げ、頭に油を塗り、花の冠で飾って、国境の外に連れ出すだろう」と。統治者的資質の持主は、この民主主義の理想郷には居場所がないのである。しかし民主主義の自由の理念、支配の不存在、したがって統治者の不存在は、近似的にさえ決して実現可能ではない。現実の社会は支配の世界、統治の世界であり、そこでの問題は、「いかにして支配意志が形成されるか」「いかにして統治者が選定されるか」のみである。しかも現実の民主主義において特徴的なことは、そこでの支配意志が国民の意志であるということではなく、せいぜい意志形成過程に参与するのは、広範な規範服従者層、可能な限り多数の共同体成員であることである。しかもここでの意志形成とは(少なくとも通常は)、その中でも、一般に立法と呼ばれる、この過程の一定の段階に限られており、さらにその参与とは立法機関の創造(議員選挙)に際してのみである。その結果として生ずるのは、この大衆の上に聳え立つ統治者特有の役割は、法律の執行に限定されることである。確かに(統治の国法上の形態としての)政府(Regierung)は立法に重大な影響力をもつが、しかしここで特徴的なことは、政府がその活動の基礎を作り出すためには、他の機関を作動させねばならないことである。ところが議会制のメカニズムの特徴は、多数と少数の対立であり、このことが多数党を基盤とする政府にも、現実の実質的な限界を画する。君主が自ら法律を制定し、君主ないし君主に直属する行政機関がそれを執行する政治状態とこれとを比較してみれば、その相違がいかに大きいかが分かるであろう。もっとも、前述したように、政府機関と並んで合議的な立法機関が成立することは、団体意志形成の本質に由来する、極めて一般的に観察できる傾向である。そのような立法機関と政府機関との分化、およびそれによって生ずる政府権力の拘束と制約を見るならば、民主政体へと向かう傾向は、近代国家に普遍的な発展傾向と見ることができる。この傾向の中には、すでに権力分立論が表現しようとした独特の機関分化が存在している。

「権力分立制は民主的原理なのか、そうでないのか」という問題は、イデオロギーと現実の相違のゆえに、一義的には答えられない。イデオロギーの見地から見れば、立法と執行を異なった機関に分有させる権力分立は、「国民は国民自身によってのみ支配さるべきである」という思想に適合しない[33]。なぜなら、この命題によれば、あらゆる権力、あらゆる国家意志形成活動は、国民に、ないし少なくとも国民代表の議会に統合さるべきだからである。モンテスキュー以来の権力分立ドグマの政治的意図も、民主主義への道を開こうというものでは全然なく、逆に、民主化運動の結果として立法権から手を追い出された君主に、執行領域の全権を賦与しようとするところにあった。権力分立ドグマは、その核心において、立憲君主制のイデオロギーである。執行の立法に対する同等性・等価性・独立性という理論は、(君主に留保された)執行という概念ともその本質とも全く両立しない、国法上の、すなわち君主制的な、奇妙な理論であるが、それも立憲君主制のイデオロギーである。この理論は立憲君主制の実践において、最高度の有効性をもった。この理論がいったん国家における権力闘争ゲームに持ち込まれると、唯一の国民代表機関であるはずの立法機関は、多数の議員によって構成され、最高機関とも主張できなくなる。執行権が君主に委譲され、(その概念に全く反するが)立法権の下でなく横に在るとされると、この執行権は経験上、立法に参与する国民代表機関に対し、上位の権力として立ち現れる。ここに立法機能の政治的過大評価が顕わになる。アメリカ合衆国のような共和国が権力分立のドグマを信心深く受け取り、他ならぬ民主主義の名において、それを極端にまで徹底したのは、ほとんど歴史の皮肉である。もっとも米国大統領の地位は、意識的に英国王の地位を踏襲したものである。いわゆる大統領制共和国において、執行権が(議会に選ばれたのではなく、国民に直接選挙された)大統領に委ねられ、(君主国とは)別のやり方であるとはいえ)執行権をもつ大統領が議会に対する独立を保障されているが、これは（逆説的に見えるかもしれないが）、国民主権原理の強化ではなく、弱体化を意味する（立法者たちは強化だと思っていたようであるが）。なぜなら、幾百万人の選挙民対一人の被選挙者では、国民代表観念は最後の外見的正当性をも失っている。すべての政党を包摂する多頭的な議会ならば、これら全勢力の共働によって「国民意志」のようなものを形成することが、まだしも可能かもしれない。しかし議会から全く独立して、国民の直接投票で選ばれ、行動能力をもたない膨大な全国民集団によっては統制不可能な大統領が「国民意志」のようなものを形成することが不可能であることは、世襲君主に不可能であるのと異ならない。場合によっては、（期限付きのものであるにせよ）専制支配となる可能性は、世襲君主より大きいのではないか。「いかに任命されるか」は、決定的重要性をもつものではない。代表観念が民主主義原理といかに違和的であるかは、専制支配も同様の擬制を用いることからも知られる。君主、特に絶対君主もまた国民代表・国家代表だと標榜し、君主に機関として任命された官僚も国民代表を名乗る。いかなる簒奪者・僭主も自らの権力の正当化を試みる。代表というレッテルによって世襲君主が自己正当化する専制支配と、「選挙された皇帝」という擬似民主制とは、大差ない。

それはともかく、権力分立は民主主義推進のためにも有効に用いることができる。第一に、それは権力を分けることを意味するものであるから、国家権力の拡大やその恣意的行使をもたらす権力集中を阻止する。第二に、一般的国家意志形成〔一般規範創造〕の段階という重要な段階について、政府の直接的干渉を排除し、また規範服従者の直接的発言権を増進することによって、政府活動を法律執行に限定することができる。

だからといって、支配が「最小化」されるということを意味するものでは全然ない。むしろ事実は（こういう比喩を用いることが許されるならば）、「政治的支配において発現するエネルギーは、専制政体から民主政体への移行に際しても不変であり、それまで一点に集中していた支配の重力が多少分割されるに過ぎず、それによって重荷が軽くなったというように感じられるに過ぎないのだ」ということかもしれない。支配意志の強度は、それを成立させる機関の複数化によっては、軽減はしないのである。確かに、「政府は幾百人の議員で構成される議会の下にある」「今や、統治者の権能、すなわち国家意志の創造を、一身に統治権を体現する一人の支配者に代わって、複数人が分有するのだ」というイメージによって、統治の観念は曖昧になるかもしれないが。

こうして複数の統治者を創造することが、現実の民主主義の中心問題となる。民主主義のイデオロギーは統治者なき共同体であるが、民主主義の現実を専制支配の現実と区別するものは、統治者の不在ではなく、統治者の多数である。こうして被治者の団体から複数の統治者を選びだす独自の方法という、現実的民主主義の本質的要素が判明する。

この方法とはすなわち選挙である。現実的民主主義の本質を認識するためには、選挙というこの活動の社会学的分析が基本的重要性をもっている。民主主義論一般に関して具現する問題、すなわちイデオロギーと現実の背馳《はいち》という問題は、選挙というこの民主主義特有の活動との関連で、繰り返し表面化する。本来の民主主義イデオロギーにおいては、選挙とは、選挙民の被選挙者たちへの意志の委譲(Willensübertragung)である。このイデオロギーから解釈すると、選挙(すなわち選挙に基礎を置く民主主義)は「内的・論理的な不可能事」であると言われる。なぜなら現実には意志は委譲できないものだからである。「授権する者は失権する」(Celui qui délègue, abdique)。意志が代表されないことは、すでにルソーが教えている。しかし選挙をこのようにイデオロギー的に解釈することの根源が、自由の擬制を維持する意図にあることは明らかである。意志が自由であり続けるためには、自己自身による規律のみが許容されるのであるから、被選挙人によって創造された支配意志は選挙人の意志とみなされる必要がある。すなわち選挙人に技選挙人が擬制的に同一化されるのである。しかし、選挙の意味の客観的解釈は、その主観的イデオロギーによって迷わされてはならない。選挙という活動の現実的解釈はこれと異なる。

純粋な形式的考察によれば、選挙の本質は機関創造の一方法である。それは以下の二つの要因によって、他の諸方法と区別される。その第一は、その創造が単独行為でなく、複数人の合同行為によることである。その行為に部分機関としての多数人が参加するのである。第二には、選挙によって創造された機関が、それを創造した機関の上位に立つことである。なぜなら、選挙によって創造される機関は、選挙人たちを服従させる支配意志、彼らを拘束する規範を創造するからである。この二点によって、選挙は、専制支配の現実形態に特有の機関創造方法である任命(Ernennung)と端的に対立する。選挙の特徴として上に挙げた二点のうちの二番目、すなわち被治者が統治者を、規範服従者が規範設定権威を創造するという点こそ、意志の委譲という擬制が用いられる理由の一つである。なぜなら、心理学、特に精神分析の成果が教えるところによると、社会的権威は父の権威として心に描かれる。社会的権威、宗教的権威、というより権威なるものはすべて、根源的に、子供の人生に最初に登場する権威、すなわち父の権威として体験される。国の権威は国父(Landesvater)と呼ばれ、宗教的権威は父なる神(Gottvater)と呼ばれる。――そしてこの心理学的起源のゆえに、権威服従者が権威を創造するという事態をイメージすることは困難である。それは子供たちが父親を産み、被造者が創造者を産むことだからである。未開のトーテミズムにおいて、部族民たちは、ある種の忘我的祭典に際し、トーテム聖獣(これが部族の遠祖(Urvater)である)の仮面を着け、短期間父の役割を演じ、あらゆる社会秩序の拘束をかなぐり棄てる。同様に民主主義のイデオロギーにおいて、規範服従者である民衆は、権威の衣装をまとい、権威の役柄(Charakter)を演ずるのである。その権威は、委譲不可能なもの、本体ではなくその機能のみが委譲可能なものであり、被選挙人に常に新たに委譲さるべきものである。国民主権論という議論も、洗練され、精神化されてはいるが、トーテミズムの仮面である。(34)

しかし上に示したスケッチのみでは、選挙の実相は尽くされない。民主的「選挙」においては、統治者は、単に被治者たちによって(von)地位に就けられるというばかりではなく、被治者たちの中から(aus)、その仲間うちから統治者の地位へと躍進するのである。マクス・ヴェーバーは自頭制(Autokephalie)という巧みな造語をしたが、それは現実の民主主義の特徴を極めてよくとらえている。この自頭制こそ、民主主義の際立った特質をなすものであり、専制支配と呼ばれ、最近ではむしろ独裁制（Diktatur）と呼ばれる政治組織との相違点を示すものである。専制支配のイデオロギーにおいては、統治者は、それに従属する社会共同体に対し、全く異質の、すなわち高次の存在、神的出自や呪力の光輪に包まれた存在とみなされる。専制支配のイデオロギーによれば、統治者はそもそも共同体によって生み出された機関ではない。共同体が統治者を生み出すなどということはあり得ないのである。彼は、最初にこの共同体を創造した力であり、人間的知性によっては理解不可能な仕方でこの世に現れた存在かもしれないと思われている。専制支配のイデオロギー体系においては、統治者の出自・召命・創造は、合理的認識という手段によって設定・解答さるべき問題ではなく、問題設定そのものが許されない。ここでは統治者であることは、神化という形で表現される絶対的価値である。そこで現実において、このイデオロギーにとって極めて悩ましい問題となるのが、統治者の死である。この問題を隠蔽するために、時には「真の統治者は可死の君主という人間ではなく、無形の観念的実在に他ならない」などと（まさしくイデオロギー的に）説かれることがある。ハンガリー国法によれば、君主は、永遠の聖なる王冠という抽象的存在である。そこで現実に起こることは、あるいは王権簒奪という一種の支配機関の自己創造であったり、あるいは統治者の地位継承の際、前任独裁者が後継者を指名しておらず、王位継承者がいない場合には、統治者を自国民でなく他国民の中から招くことになる。後者はすなわち他頭制(Heterokephalie)である。

民主主義のイデオロギー体系においては、統治者の創造という問題は、合理的衡量の焦点をなしている。統治者の地位は絶対的価値ではなく、単なる相対的価値に過ぎない。統治者が「統治者」とみなされるのは、特定期間・特定分野においてに過ぎず、それ以外の点では仲間と同等で、批判の対象となる。専制支配においては、統治行為は機密保持(Geheimhaltung)の原則に支配されるが、民主主義の統治行為の原則は公開性(Publizität)である。民主主義の統治者は共同体内在的(immanent)であるのに対し、専制支配の統治者は共同体超越的(transzendent)であり、そこから支配権を行使する人間は、常に社会秩序の下でなく、その上に立つものとイメージされ、無答責とされる。それに対し統治者の責任という点こそ、現実の民主主義特有の特徴である。特に重要なのは、民主主義における統治者の地位は超自然的性質をもたず、常人が統治者へと作り上げられることである。そこでは統治者の地位は一者ないし少数者の永続的独占ではない。現実の民主主義においては、多少とも頻繁な統治者の交替という光景が見られる。もとよりここでも、統治者がその地位に執着するという傾向は見られるが、それは抵抗に遭遇せざるを得ない。その抵抗の源泉は、何よりも、人々を行動に駆り立てる心の内のイデオロギーにある。統治者の在り方の合理化、それに伴う「公開性」・「批判」・「責任」・「統治者は自由な創造の対象であるという観念」が終身統治者を不可能にするのである。しかし統治者の在任が長期化するに従って、統治者の在り方に関するイデオロギーも変化する。現実の民主主義を特徴づけるのは、被治者たちの共同体からリーダーの地位への恒常的な上昇潮流の存在である（誤解を避けるために注記するが、ここで主として論じているのは、国家の政府に表現される国家の統治であって、政党内のリーダーシップではないことである）。

この上昇可能性こそ、民主主義の現実の専制支配からの相違を示す大きな特徴である。専制支配においては、上昇可能性は皆無であるか、仮に存在するとしてもほんのわずかで、ほとんど不変の支配体制に固着している。それゆえ、専制支配に対比しての民主主義の統治者選出方法の特徴は、選択可能な人材の範囲、すなわち統治者の地位をめぐって競争する人々の範囲が格段に広いことである。

民主主義と言い専制支配と言っても、社会秩序創造の方法に他ならないから、両原理の主張者は各々自分の原理が最善の秩序をもたらし得るものと信じている。古来民主主義に反対して専制支配の優位を唱える人々は、「専制支配は「支配すべきは最善者であり、最善者のみである」という唯一可能な原則を唱えるもので、民主主義がそれに優越することはあり得ない」と主張してきたが、そしてそれは彼らの大変なお気に入りの議論であるが、全く空疎で無内容な議論である。「最善者」とは、この脈絡においては、最善の規範を設定する者に他ならない。その最善の規範とは設定すべき唯一の規範のはずである。「最善者の支配」というこの標語は、愚昧な同義反復であることが判明する。問題は「最善者が支配すべきか否か」ではない。そんなことには、専制主義者も民主主義者も反対しない。唯一の問題は「いかにして(一人または複数の)最善者を支配の座に就けるか、最善者はいかにして支配権を主張し得るか」という政治的・社会技術的問題である。問題は統治者の創造方法である。そしてまさしくこの観点から見て、専制主義の唱道者は、民主主義に対抗して持ち出す議論をもたないのである。先に述べたように、専制主義は、厳密には、いかなる統治者創造の方法ももたず、この政治学最重要の問題を、神的な英雄の出生を俗衆から蔽い隠す神秘的・宗教的ヴェールで蔽ってしまう。ということは実際には、「誰が、いかにして統治者になるべきか」という問題への解答を、権力の偶然に委ねるということである。もっとも民主主義者の側でも、そこで行なわれている統治者選択方法を良心的に検討してみると、決定的なことは何も言えない[35]。「民主主義は大言壮語者たちや大衆の最悪の本能を煽動するデマゴーグたちを統治者の地位へと導くものだ」と言われる。これへの反論としては、前述したところが的確であろう。すなわち、統治者の地位を公開の競争の対象とすることによって、統治者の地位をめぐる争いの場を最も広い基盤の上に設定することが、まさに民主主義のやり方だということである。この民主的方法こそ、何よりも統治者選択の基盤、最も広い基盤を提供するのである。それに対し専制支配の原理は、特にその現実的形態としては官僚制的君主制ということになり、有能適格な者に道が開かれる保障に乏しい。そればかりではない。経験の教えるところでは、民主主義は統治者の地位への上昇を容易にするのと同時に、実績を示さない統治者を遅滞なく除去することをも保障する。それに対し専制支配は、職務の終身制、さらには世襲制を原則とし、民主主義の原則とは正反対の結果を招く。民主主義においては、実績主義と批判の自由という原則が支配し、行政上の不都合が容易かつ迅速に明るみに出されることも、これと深く関わっている。それに対し専制支配においては、いったん任命した官吏の権威を擁護するという保守的原則が支配し、隠蔽の体系という伝統が発達する。「専制支配より民主主義の方が腐敗が多い」と言う者があるが、それは近視眼的な観察である。確かに天才的能力と高い道徳性をもった人物が、無制限の権力を行使して君主として活動するのは、天恵かもしれない。歴史の示すところでは、民主主義にも政治的・文化的に繁栄したものもあれば、内面的に堕落したものもある。同様に、歴史上には清廉平静で栄光に満ちた理想的独裁者も存在したかもしれないが、また、堕落した戦慄すべき独裁者、自国を滅ぼし、国民を言語に絶した逆境に陥れた独裁者も存在するのである。

民主主義の理念の第一は、「統治者などいてはならない」という自由の観念であるが、それは社会的現実においては、「誰もが統治者になることができる」という原理に転化する。それと同様に、「諸個人はすべて平等である」という第二の原理も、「諸個人は可能な限り平等化さるべきだ」という傾向に転化する。「全国民はあらゆる国家活動に平等に適性を有している」というアジ演説的前提は、変形を重ねて、ついに「全国民に国家活動への適性を与えるべきだ」という単なる可能性論へと落着する。こうして民主主義への教育が、民主主義が求める実際上の主要要請の一つとなる。(36) 確かに、教育は教師と生徒との関係であり、精神的指導者と精神的追随者との関係であって、その最も深い本質において、(良い意味において)専制的・権威的なものであるが、それにもかかわらず、民主主義の問題は、社会生活の現実においては、最大規模の教育問題という形をとる[37]。「ある階級が国家内における支配者・共同支配者となり得るか否か」という問題も、この観点から判断さるべきである。それは事実としても問題であり、当為としても問題であるべきである。プロレタリア独裁という社会主義者の議論の誤りの一つは、(無理もないことであるが)彼らの目指す社会主義革命を、一七八九年と一八四八年のブルジョワ革命と類比してイメージしたことである。すなわちプロレタリアが、当時のブルジョワジーと同様の権力担当能力の持主であるという前提を、自明なものとして議論を開始したことである[38]。ところが実際には、貴族層はブルジョワジーを権力の埒外《らちがい》に置いてはいたが、彼らはその経済力によって、権力担当への準備をすることができた。ところがこれまでプロレタリアが政治権力を奪取したところでは、その権力はそれを担当する準備のない人々の掌握するところとなり、彼らはそれを保持し続けることができなかった。これは悲劇的廻り合わせと呼ばれるべきものかもしれない。これはロシア社会主義共和国で起こった行政的破局のみを指して述べているのではなく、ドイツやオーストリアの社会民主党が陥った異常な諸困難をも念頭に置いている。両党はブルジョワ出身者によって統率されたが、それは行政機構を運用するに必要な人材を、ブルジョワと社会主義者の連立政権という名に値する程度にさえ、プロレタリアの中から調達できなかったからである。

第九章　形式的民主主義と社会的民主主義

マルクス主義の側からは、多数決原理を基礎とする民主主義を形式的・ブルジョワ的民主主義と呼び、それと社会的・プロレタリア的民主主義が対置される。後者は、団体意志創造への規範服従者の形式的に平等な参与のみならず、何らかの意味で平等量の財を保障する社会秩序であると理解されている。このような対置は断乎として否定されねばならない。民主主義の理念を第一義的に規定するのは平等の価値ではなく、自由の価値である。確かに平等思想も民主的イデオロギーにおいて一定の役割を有しているが、前述したように、その意義は、あくまで消極的・形式的・二義的なものに過ぎない。万人は可能な限り、そして平等に自由でなければならない。したがって万人は国家意志形成に参与、しかも平等に参与すべきである。歴史上、民主主義をめぐる闘争は、政治的自由をめぐる闘争、民衆の立法・執行への参与を求める闘争であった。平等の理念は、(自由における形式的平等という思想、政治的権利の平等という思想以外のものである限り)民主主義の概念とは無関係である。そのことを明らかに示すのは、「万人の形式的・政治的平等ではなく、実質的・経済的平等」という要請は、民主主義以外の政体、専制的・独裁的政体においても実現され得る、あるいはもっとよく実現され得るという事実である。「社会的」民主主義が全国民に保障するという財貨量の平等は常に量の豊富さをも意味しているということは別論としても、平等の概念は極めて多様な意味をもち得るので、この概念を民主主義の概念と本質的に結びつけることは全く不可能である。この「平等」を彼らは正義というような意味でも用いているが、平等は正義に劣らず多義的である。マルクス主義理論、あるいはその新潮流の一つ、特にボルシェヴィズムの教説は、「民主主義」の名の下で、自由の観念を正義の観念にすり替えようとしている。しかしそれは、全くの言葉の濫用である。民主主義という言葉は、それを観念として考察対象としようと、その現実を考察対象にしようと、社会秩序創造の特定の方法に他ならないにもかかわらず、彼らはそれを、その創造方法とは本質的関係をもたない秩序の内容の意味に用いるのであるから。そのような用語の操作は、仮に意図するところではないにしても、民主主義という標語がその自由の観念との結びつきによって有する強い説得力と情緒への訴えを、紛れもない独裁の正当化に利用するといういかがわしい効果を伴っている。彼らは、自分たちは形式的民主主義に対立する社会的民主主義を実現するのだと称し、民主主義と独裁の区別を否定し去り、社会的正義の実現者を名目とした独裁を、「真の」民主主義であると標榜するのである。その付随的効果として、現代民主主義と現代民主主義をもたらした人々の功績（彼らの一部はそのために自分たちの物質的利益を犠牲にしたのである）が不当に誹謗されている。

社会主義の理想の実現に際して、民主主義的方法を反古《ほご》にするとは、奇妙に感じられる。なぜなら、マルクスやエンゲルス以来の社会主義は、その政治理論のみならず経済理論の基礎として、「搾取され貧困化したプロレタリアは、人口の圧倒的多数を占める。このプロレタリアが、消滅しつつある少数者に対する階級闘争のために社会主義政党へと結集するには、この階級状況を自覚するのみで足りる」という前提に立っていたからである。社会主義は、多数決により権力を掌握できると信じていたからこそ、民主主義を要求し得たのである。しかしすでに十九世紀前半におけるブルジョワ民主主義の登場とその後の存続、それに民主主義のさらなる発展は、社会主義の前提したところと完全には両立し得なくなった。社会主義的心情へと教育されたプロレタリアが多数派となり、普通平等選挙によってその議会における支配権が確保されたのに、なぜ単に政治的な民主主義が経済的民主主義にならないのか、なぜプロレタリア的・共産主義的集団でなく、ブルジョワ的・資本主義的集団が政権の座に在るのか。もとよりこういう疑問は、ほんものの民主主義が支配し、政治的権利の普遍性と平等性が確立したところでのみ意味をもつ。しかしそれは西欧やアメリカの大民主主義国においては実現しており、基本的にはドイツでもオーストリアでも実現している。選挙区幾何学のような選挙制度運用の実態、一部の選挙権者の選挙権行使の困難、特に資本家的マスコミの強力な影響などを指摘する者もあるが、それでこの現状を説明しきれるものではない。ブルジョワ民主主義がなお単なる政治的平等の段階に留まっており、政治的平等が経済的「平等」をもたらしていないのはなぜか。その理由は(最近の革命、特にロシア革命が実物教育で示しているように)、経済的平等やその前提となる生産の国有化・社会化に関心をもつプロレタリアが(この何十年間社会主義者たちが説いてきたことと異なり)、国民の圧倒的多数になっていない(あるいは未だなっていない)ことにある。否、プロレタリアによる社会主義が実際上権力の独占を達成したところでさえ、プロレタリアは民衆のごく少数に過ぎない。これこそが、社会主義政党の一部が政治的手法を根本的に変更したことの理由であり、また民主主義に代えて、政治的ドグマの絶対主義、そのドグマを体現する政党の絶対主義的支配という独裁制とならざるを得なかったことの理由である。マルクスやエンゲルスはなお、民主主義はプロレタリア独裁と両立可能で、この独裁の形式が民主主義だと考えていたのに。こうしてプロレタリア政党の左派は、「民主主義では権力はなお掌握できない（少なくとも展望し得る未来においてはできない）」と考えて、民主主義の理想を放棄した。他方ブルジョワ政党の右派は、「ブルジョワジーは民主主義の下では権力を防衛できない（あるいは長くは防衛できない）」と考えるに至っている。こうして両集団の力が事実上均衡状態に近づいているという徴候が見られる。(39)

第十章　民主主義と世界観

先に述べたように、民主主義は社会秩序を創造する一つの形式、一つの方法に過ぎない。仮にそうであるとすれば、民主主義の価値は(ここでその価値の問題を取り上げるとして)はなはだ疑問であると言えよう。なぜなら、社会秩序創造に独特のルール、国家や社会に独特の形式が何であるかを知ったところで、明らかにそれより遙かに重要な問題である国家秩序の内容への問いの解答には決してならないからである。ところが、社会に関する問題への解答を示すために重要なのは、「国家秩序や社会秩序は内容的にいかに形成さるべきか」「社会主義的にか、資本主義的にか」「その秩序は個人の領域に広く介入すべきか、介入を最低限に制限すべきか」、一言にして言えば、「いかに規範が創造さるべきか」ではなく、「規範は何を定めるべきか」である。政治論において、大部分の議論が「民主主義か専制支配か」をめぐって行なわれるのは、内容の犠牲においてて形式を過大評価しているのではないか。ところで、民主主義者の側は、根本問題として「民主主義か専制支配か」というような問題を設定することを好むのに対し、専制主義者の側は（前述したような理由で）国家形式の問題を第二次的なものとして扱うという顕著な傾向が見られる。仮に国家秩序がもっぱらその支配対象である人々（被治者）によって決定さるべきとされ、国家形式（政体）の問題にすでに決着がつけられているとするならば、そこで「国民は自分たちで創造する法律にいかなる内容を与えるか」という本来の問題の出番となる。いかに過激な民主主義者であっても、「国家内容の問題、国家秩序の正しい・最善の内容は何かという問題は、国家形式の問題の決着とともに決着する」とまでは主張し得ないであろう。「国民が、そして国民のみが真理を知り、善への洞察力を有している」と考える者のみが、そのような主張を唱えることができる。そういう思想の論拠は、「国民が、そして国民のみが、超自然的にその叡知を獲得したのだ」という宗教的・形而上学的仮説以外のものではあり得ない。それは「神寵を受けた国民」への信仰であり、それは君主神寵論と同列の臆説である。

確かに国民主権論者たちの中には、それと似たような主張をした人物もいないではない。ルソーでさえも、多数決の拘束力、多数者の権威を、「少数派は一般意志（volonté générale）の真の内容の判断を誤ったのだ」という議論で正当化したとき、国民神寵説からそう隔たってはいない。しかし「こういう議論で民主主義を擁護するのは、民主主義の本質とは異質なものだ」とは誰でも感ずるところである。単一の統治者のカリスマなら民衆の信仰を要求できるかもしれないが、そのカリスマを多数者、無名の大衆群、「エヴリマン氏」に移植しようとするのは無理というものである。カリスマとは絶対者・神との極めて人格的な結びつきであって、専制支配者はその使者・具《うつわ》・息子として顕現するのである。民主主義がこういうやり方で自己正当化しようとするのは、獅子の皮を着た驢馬のようなものだ。しかし反対に、ペシミストになって、「多数者は常に誤っており、民衆が真理を認識することは決してできないのだ」というイプセンの辛辣な言葉を信じなければならない、というわけでもない。民主主義の標榜するところに多少とも懐疑的に対応しようとするならば、「真理と善の認識は、民衆に対してのみ、多数者に対してのみ開示される」という主張を疑ってみる必要がある、ということである。仮に「絶対的真理の認識、絶対的価値の洞察が可能である」という前提から出発するならば、事態は民主主義にとって絶望的だと言わざるを得ない。なぜなら、万人に超絶する絶対善の権威に対し、その救済対象である者にとって、服従以外の態度があり得るだろうか。絶対善を知り、それを欲する絶対善の専有者に対して、報恩の限りなき服従以外の態度があり得るだろうか。この服従は、規範に服する大衆の認識の彼岸にある絶対善の認識を専有する立法者の権威的人格への信仰に依拠するものでしかあり得ない。民主主義がその正当化の希望を失うかのようにみえるまさにこの地点から、民主主義の擁護は出発するのである。

この地点とは、「本当に絶対的真理の認識、絶対的価値の洞察が存在し得るのか」という巨大な問題を問う地点である。それは世界観・人生観の原理的対立点であり、専制支配と民主主義の対立もこれに連なっている。絶対的真理と絶対的価値への信仰は、形而上学的世界観、特に宗教的・神秘的世界観の前提を創り出す。それに対し、その前提の否定、「相対的真理・相対的価値のみが人間的認識にとって到達可能なものであり、それゆえにすべての真理、すべての価値、そしてそれを見出すすべての人間は、常に身を退いて他者に場所を譲る用意をしていなければならない」という思想は、批判主義・実証主義の世界観へと導かれる。ここで実証主義とは、その出発点を実証的なもの、すなわち所与、知覚可能なもの、可変の、変動してやまない経験にとり、それゆえにこの経験を超越した絶対者の想定を否定する哲学・科学の潮流である。この世界観（Weltanschauungen）の対立に、価値観（Wertanschauungen）、特に政治観の対立が対応している。

形而上学的・絶対主義的世界観と専制主義的態度が、批判的・相対主義的世界観と民主主義的態度が結びついている。(40)

絶対的真理と絶対的価値が人間的認識にとって閉ざされていると考える者は、自分の見解のみならず、それと対立する他者の見解をも、少なくとも可能なものと考えるであろう。それゆえ、相対主義こそ民主主義思想の前提する世界観である。民主主義は万人の政治的意志を平等に評価し、あらゆる政治的信念・政治的意見、およびその表現としての政治的意志を平等に尊重する。それゆえに、民主主義は、あらゆる政治的信念に対して、平等な表現の機会、人々の心を把握するための自由競争の機会を与える。それゆえ、国民集会や議会における規範創造の準備手続、主張と反論とを通じて展開する弁証法的過程を、民主的手続と性格づけるのは不当ではない。民主主義の特徴である多数者の支配の他の支配形態との相違は、それが反対者、すなわち少数者を概念上前提するばかりでなく、反対者を政治的にも承認し、基本権・自由権・比例原則によって保護するところにある。少数派の勢力が増大すればするほど、民主主義の政治は妥協の政治となる。これは、二つの対立する立場を仲介・調整しようとする傾向、一方の意見が他方を徹底的に否定して、全面的・無条件的に採択されはしないということが、相対主義的世界観の特徴であるのと同様である。特定の政治的信条の主張する価値は相対的なものであること、政治綱領や政治理念は、いかに深い政治的献身の対象であり、個人的信念であったとしても、その絶対的支配を求めることはできないこと、そのことが政治的絶対主義の否定という帰結を必然化する。その絶対主義が君主の絶対主義であれ、祭司のそれであれ、貴族や戦士階級のそれであれ、一階級の絶対主義であれ、他の特権集団のそれであれ。それに対し神寵や天啓をもって自らの政治的意志や政治行動の根拠となし得る者は、民の声に耳を閉ざし、絶対善の意志としての自己の意志を、それと異なった意志をもつ不信・迷妄の徒の世界に対しても貫徹する権利をもつであろう。それゆえにこそ、「多数でなく権威を」という標語がキリスト教君主制の神寵による支配の標語となり得たのである。この標語は、精神の自由の擁護者たち、奇跡とドグマから解放され、人間的知性と批判的懐疑を基礎とする科学の擁護者たち、そして政治上の民主主義者たちの一致した攻撃対象となった。なぜならもっぱら地上的真理に依拠する者、人間的認識のみが社会的目的を設定し得るとなす者は、その目的実現に際して不可避の強制を、その強制秩序の受益者の、少なくとも過半数の同意を得ているということ以外では正当化できないであろうからである。そしてこの強制秩序においては、少数派も絶対的不正者、絶対的に正当性を欠く者ではないから、他日多数派になる可能性が認められている必要がある。

これこそ我々が民主主義と呼ぶ政治体制の本来の意味である。それは政治的相対主義の表現であって、それゆえにこそ政治的絶対主義の対立者なのである。

新約聖書第十八章ヨハネ伝にイエスの生涯のある出来事が記されている。端的で、素朴な雄渾さをもったその叙述は、世界文学中に最も崇高な作品の一つである。それは意図せずして、相対主義の、そして民主主義の悲劇的象徴となっている。過越祭《すぎこし》の時、イエスは神の子にしてユダヤ人《びと》の王なりと自称したかどで、ローマの総督ピラートゥス〔ピラト〕の前に連行された。このローマ人の眼には、イエスは哀れな愚者にしか見えなかったから、ピラートゥスは「お前がユダヤ人《びと》の王なのか」と皮肉に問うた。イエスは、極めて真摯に、自己の神的使命への熱情に充たされて答えた。「その通りだ。私は王なのだ。真理の証しをするためにこの世に来たのだ。真理に属する者は我が声を聴け」と。ここで、古く、疲弊し、それゆえ懐疑的になった文明の人たるピラートゥスは、「真理とは何か」と問うた。彼は真理の何たるかを知らず、また民主的思惟を習慣とするローマ人であったから、これを民意に問い、評決に付そうとした。彼はユダヤ人《びと》たちの前に出て、イエスの言葉を伝え、彼らに対し、「私は彼に何の罪責をも見ない。しかし過越祭に私が一人の罪人《つみびと》を釈放するのが汝らの仕来たりである。そこで汝らはこのユダヤ人《びと》の王の釈放を欲するか」と問うた。評決の結果は、イエスの釈放を認めなかった。満場の民衆は呼号して、「彼ではない、バラバだ」と叫んだ。聖書の著者はこれに「バラバは強盗であった」と附言している。

信仰者、政治的信仰者は、これこそ民主主義肯定ではなく、その否定の適例であると反論するであろう。この反論は承認せざるを得ない。しかしそれにはただ一つ条件がある。すなわち、信仰者の、その奉ずる政治的真理、必要とあれば血の雨を降らせてでも貫徹さるべき真理に対する確信が、神の子のそれの如く堅固であるという条件が。

注

(1) David Koigen, *Die Kultur der Demokratie*, 1912, S.4〔民主主義の文化〕.

(2) この問題設定はもとより先入観抜きのものではない。民主主義の本質(Wesen)を問う時に、それを最初から最善の国家形態と前提してかかることは許されない。シュテッフェンの著書『民主主義の問題』(Gustaf Fredrik Steffen, *Das Problem der Demokratie*, 3.Aufl., 1917〔初版 1912〕)の記述は、他の点ではすぐれているが、この嫌いを免れていない。彼は民主主義が最善の国家形態であることを証明しようとして、(あるいは全く正しいことなのかもしれないが)自分の議論に不利だとみなしたというのみの理由で、民主主義の幾つかの特徴を看過している。もとよりその反対の陣営も問題である。民主主義の客観的な「政治的記述」を行なうと言いながら、立憲君主制を最善の国家形態と決めてかかってはならない。ハスバッハがしたように(Wilhelm Hasbach, *Die moderne Demokratie*, 1912〔現代民主主義〕)。

(3) 慣習法とて、社会的当為と個人的存在との対立を解消することはできない(一見それが可能なように見えるが)。もっともそれは「お前の仲間が習慣的に行動しているように行動せよ」と命ずることによって、その対立を最低限に引き下げている。そもそもそこでは、不法や秩序違反は、現実において、現実のルールの単なる例外である。そこに慣習法の、制定法と対比された場合の、民主的性格が示されている。特に古い時代には、制定法は、神の命令、神を代表する祭司の命令、あるいは神々の子孫である英雄君主の命令であるとされていた。慣習法の理論、およびその実施がまさに政治的絶対主義時代に有力となったことは、権力を平準化させる均衡の法則の顕れであろう。

(4)「自由主義(ないし無政府主義)から国家内民主主義へ」というここでの特徴的な変化が、そのイデオロギーを担う国家内諸集団の国家内の地位(特にブルジョワジーとプロレタリアの国家権力との関係)といかに関わっているかについては、拙著『一般国家学』(清宮四郎訳、岩波書店、一九七一年、五九頁以下。*Allgemeine Staatslehre*, 1925, S.32f.)参照。

(5) ルソーの一般意志(volonté générale)は、全員の意志(volonté de tous)から独立して拘束力をもつ客観的国家秩序の擬人的表現であるが、(volonté de tous の発現である)社会契約の理論とは全然両立不可能である。しかしこの「主観主義的構成と客観主義的構成の間の矛盾」、あるいは別の言い方が許されるならば、「主観主義的出発点から客観主義的ゴールへの運動」は、ルソーに劣らず、カントやフィヒテをも特徴づけるものである。

(6) すべての社会的形象を特色づけるイデオロギーと現実の二元性については、第五回ドイツ社会学会における私の報告を参照せよ("Demokratie", *Verhandlungen des Fünften Deutschen Soziologentages*, Tübingen, 1926, S.38ff.)。

（7）拙著『社会学的国家概念と法学的国家概念』（奥正嗣監訳、晃洋書房、二〇〇一年。*Der soziologische und der juristische Staatsbegriff*, 2.Aufl., 1928, S.4ff.〔初版 1922〕）参照。

（8）「民主主義の立場から見て、把握可能な一体としての民意（Volkswillen）などというものは全く存在しない。国民とは多数の人間の意志表示の合計に過ぎない。多数の人間が法律や規則に従って相互関係・法的関係を結ぶ時、その複数の意志が民意となるのである。「各人が自律を護ろうとする意志以外に、団体意志なる独自のものがあって、それに法の創造的力が宿っている」などという思想は民主主義思想と無縁である」（Koigen, a.a.O., S.142）。ということは、国民の統一体というものは、組織として、法秩序としてのみ可能だと、コイゲンは考えているのである。彼は所々で、「国民概念と法概念は同一物ではないか」と言っている（S.7）。

（9）拙著『一般国家学』（二四九頁以下。S.149ff.）参照。

（10）同右（二六五頁以下。S.159ff.）参照。

（11）Boris Mirkine-Guetzévitch, “Die Rationalisierung der Macht im neuen Verfassungsrecht”, *Zeitschrift für öffentliches Recht*, VIII.Bd., 2.Heft, S.259ff.〔新憲法における権力の合理化〕.

（12）トリーペルは政党を「原子論的・個人主義的国家観」の産物だとしているが（Heinrich Triepel, *Die Staatsverfassung und die politischen Parteien*, 1927, S.31〔憲法と政党〕）、政党のもつこの団体化的性格を見るだけでも、彼が政党の本質を誤解していることが分かる。国家秩序は個人に権利を賦与し、法主体の地位を認めているが、政党の中での個人の存在感はそれよりずっと稀薄である。個人主義は反政党的本性をもっている。たとえばルソーもそう言っているし、トリーペル自身もそれを認めざるを得なくなっている(S.10)。

(13) このドグマの代表的主張者はトリーペルで、先に言及した彼の著書は主としてこの見解の叙述に充てられている。彼は言う、「政党というものは、諸結社の中で、その存立・範囲・性格において最も予測不可能な結社であり、突然現れ、突然消え、あるいは綱領を変化させる。二、三十年も経つと、基盤も消失して、残るのは名のみとなるものもある。一部の国家では、奔放な、時には政治的に瑣末な原則を基礎として政党が設立される。このような政党の意志に法秩序が国家意志形成の核心を公的制度として依存せしめることなどできるだろうか」と。このような政党の性格づけが、米国や英国などの民主主義大国の実態に適合したものかどうかは眉唾だろう。米国の民主党・共和党、英国の保守党・自由党・労働党の組織は、それほどふらふらしたものではない。トリーペル自身、「二大政党制における政党は硬直している」と言っているではないか。そしてトリーペルの描いた像は、独墺、ましてフランスの現状にも全然当てはまらない。彼はさらにその政党像を描き続ける、「政党はその本性上利己性を基礎とするもので、本来的に有機的国家共同体への統合に抵抗するものである。政党は常に国家そのものの承認を拒否し、相互のいがみ合いを聖なる任務と考える」と。政党の基礎としての「利己性」という主題は後に検討するが〔注(15)〕、ここで一言したいのは、彼が政党の国家共同体への統合を不可能にすると言う政党の「利己性」なるものは、政党の存立よりむしろ国家の存立を疑わしいものにする。国家は人間の共同体であろうとするが、その人間の本性は、政党に劣らないどころか、明らかに政党よりずっと利己的なのではないか。政党の利己性の根源は、それを構成する人間以外のものに求められるはずがない。それに国家自体を否定するような政党などありそうもないことである。無政府主義でさえも、それが政党として組織されるならば、(口で唱えていることは別として)実際には国家秩序の改造を目的としている(その点で保守派以外の諸政党と異なるところはない)。――結論においてトリーペルは言う、「一般的に言って、多党国家(Parteienstaat)の観念には解消困難な矛盾が存在する」、現代の政党は「病いの徴候」であり、「堕落形態」である、と(S.29)。彼はこれを「ヨーロッパ世論の大勢だ」と言うのだが、この言い方は彼の自説を形容する決まり文句なのではないか。これは基本的に「ビーダーマイヤー期のドイツ市民」の抱いた政党観であり、トリーペル自身もそう述べている。彼らは「政党を国家安寧への危険物と考え、それを道徳的錯乱とみなすことさえ拒否しなかった」と(S.10)。なぜ彼らはそう考えたのか。トリーペルは、それは当時の市民たちが「民主主義者ではなく、自由主義的人間だった」からだと信じているが、そうではない。当時の自由主義者は民主主義者でもあったのだから。そうではなくて、それは、「ビーダーマイヤー期の市民」に影響力を有していた君主制のイデオロギーの故である！　そのイデオロギーの創造には、国法学も少なからぬ役割を果たした。

(14)　ある政治的主張を擁護するために、「政党は国家・国家法秩序と両立不可能である」ということを、国家・国家法秩序の本質から演繹しようとするならば、当然現実(社会的事象の現実のみならず、実定法・国家の現実)との矛盾に直面せざるを得ない。トリーペルは、「現代国家、特にドイツ国家が、多党国家(*Parteienstaat*)という在り方を採用したのか」という問いを、「運命的設問」(Schicksalsfrage)として設定する。「諸政党が深く国家組織に根差し、決定的に重要な問題に関して、国家の意志と行動は、常に諸政党の意志と行動に依拠しているような国家の在り方を採用したのか」と(S.7)。彼の設問は(社会学的意味においてであれ、法学的意味においてであれ)現実を対象としているが、解答は価値、事実に適合しない政治的価値を志向している。というのは、トリーペルは、国家と政党は本質的に対立するものであることを示し、「現代国家は多党国家ではない。なぜなら多党国家なるものは、(トリーペルの国家本質論と政党本質論からすれば)そもそも存在し得ない(!)からだ」と言う。「窮極的には我々にとって唯一の重要事は国家的「統合」(Integration)であるが、その国家統合の領域、すなわち立法と統治の領域において、政党は憲法外的現象であり、政党の決議は、法の観点から見て、国家有機体と異質の社会団体による、拘束力・規範力をもたない意見表明に過ぎない。現代国家は複数政党の上に「築かれている」(aufgebaut)という説は法的正当性をもたない」と言う(S.24, 25)。もっともトリーペル自身、「事態の圧力下で」元来反政党的であった国家法秩序(君主制法秩序のこと)の態度が変化したことを認めざるを得なかった(S.15/16)。また彼自身政党を国家意志形成の要素として、特に選挙手続の中に位置づける相当量の実定的規定の例を列挙している。「こういう立法はもうこれで打ち止めだ」などとは到底言えないであろう。個々の事例について「突飛」(merkwürdig)とか「ケロテスク」とかと形容している(S.22)のは彼の主観的価値判断で、実定法の現実をそれによって変えることはできない。問題はやはり、彼が政党は「憲法外的現象」であると断言したことの意味である。特に彼自身、この政党の支配力について、法よりも事実がずっと先行していることをさえ認め、この現象は「恣意的でも偶然的でもなく」「もっぱら自然的な過程」の結果だと認めている(S.27)。それでも後にはこれを「病いの徴候」「堕落形態」だと評しているが。しかし彼は「政治の現実が実定法の描き出すイメージと全然一致していないことを否定しようとするのは、危険に直面した駝鳥が頭を砂の中にもぐらせるようなものだ。実際に国政は政党に明け渡されたのだ」とまで考えている(S.26)。そして結局「ここ(ドイツ)でも多党国家は事実となっている」と結論する(S.27)。トリーペルは、先には、多党国家は自己「矛盾」だと言ったはずだが。「矛盾」という点に関して言えば、彼は、政党を「憲法外的現象」で、法的に存在しないものとして片付け、国家が政党を基礎とするというのは「法的正当性」をもたない見解だと言ったのではなかったか(S.24, 25)。ドイツが多党国家となったのならば、ドイツは国家たることをやめ、政党は政党たることをやめたのか。

トリーペルはしばしば、私の唱える純粋法学を形式主義として非難し、自らの国法論を「生命を志向し」「国法規範を、その創造者・形成者である政治的諸力と最も緊密な関係に結びつけようとし」「翻ってその諸力に国法の支配を受けさせる」ものと言う(*Staatsrecht und Politik*, 1926, S.17, 18〔国法と政治〕)。私が危惧するのは、トリーペルの国法理論は、(少なくとも政党問題に関する限り）純粋法学以上の、生の現実に背を向けた形式主義に陥っているのではないか、ということである。なぜなら純粋法学は、ひたすら実定法の理論であろうとし、論者が有害だとみなすような内容を実定法がもつに至っても、それを有効と認める。それゆえにこそ純粋法学は「純粋性」を目標とするのである。因みに純粋法学に対する形式主義という批判は不当であり、トリーペルもそのことを論証していないが、しかし純粋法学は、トリーペルの説いているようなものだという批判を受けるくらいならば、形式主義だという批判をあえて甘受したい。すなわち「「生命」と称する自分の政治的立場を志向し、国法規範を自分が主観的に支持する「政治的諸力」とのみ結びつけようとしている」という批判を受けるくらいなら。

しかし実はこういう態度こそ、伝統的な国法学の典型的な遣り口だったのだ！ すなわち彼らは、自分が政治的に好ましいと思うものを、国家の本質や概念から演繹し、政治的に好ましくないと思うものを、「国家の本質や概念に反する」と論証して見せたのである。それこそが正真正銘の「概念法学」ではないか。そのような遣り方の唱道者が国法と政治の分離に反対するのは当然である。ただ、その者の政治的敵対者が同じ遣り口を用いて、正反対のことを証明しないとしたら不思議であろう。

(15) トリーペルは、政党は「利己性」を基礎としているから、国家の基礎にはなり得ないと説いたが、それに代えて、職能別組織が国家の基礎となりうるのではないか、と考える。その前提として、「この組織は極めて単純で、成員の利害が全く共通していること、それにより（政党が[illegible]

の手掛かりとして用い得るような)内部的利害対立がないこと」を挙げている(S.30)。しかし政党が「利己性」を基礎としているとは、それが利害共同体(*Interessengemeinschaft*)であることを意味するに過ぎない。しかし職能集団もまた利害共同体に他ならず、政党と職能集団をその点で、異なったものとして対置することはできない。職能集団が代表する利害共同体が永続的なものになった時にはじめて、それは政党へと成長する。トリーペルの叙述の意味もここにある。

多党国家とは、現代民主主義そのものであり、トリーペルほどの国法学者がそれを根本から否定するならば、何がその代わりとなるのかを示す責任がある。確かに彼はそれを示している。「原子論的・個人主義的な国家観は廃棄」され、「有機的な国家観によって代置」されねばならないと彼は言う(政党の根源が原子論的・個人主義的な国家観に在るというのは彼の誤解である)。それではこの「有機的なるもの」の本質は何か。彼は言う、変化は緩慢に進展するだろう。多党国家の弔鐘が鳴る。すでに他の共同体形成力が発動している。それが徐々に自然的に発展し(彼は多党国家の発展も「もっぱら自然的な過程」だと言っていたが)、国民の新たな分化へと至る。それは「魂無き大衆」から、生きた「多様の中の統一」(Einheit in der Vielheit)が形成される、と。トリーペルは、民主主義(彼はこの言葉を使わず、常に多党国家という)の民衆を「魂無き大衆」だと呼ぶが、それは未来国家の「有機的なるもの」がどのようなものかを知る手掛かりにはならない。「多様の中の統一」も無内容だ。トリーペルは「多くの人々はこのような予言をロマン的幻想だと呼ぶだろう」と言っているが、そう呼ばれる心配はない。そもそもこの「予言」は何の内容も含んでいないからだ。彼は、未来国家について「それはお伽噺でもなければ怪談でもない。それは機械化された現代社会から有機的な形を形成しようとする生きた存在である」と約束するが、彼がこの生成しつつある新国家なるものについて、これまで触れてきた発言からは、ほとんど何も分からない。民主主義の社会が「機械化されている」と言うが、それでは「有機的」国家がどのようなものとなるのかという問いへの答えには全然ならず、それが「有機体」だということ以外には何も知り得ない。「民衆の内から原始的迫力をもって現れ出る諸力、人的・地域的に分岐した、経済的・精神的自治の新たな諸力を国家への奉仕へと強制することに成功するならば、そしてその国家はその諸力によって解体されず、むしろ結合させられるとすれば、すなわちその国家が分解されるのではなく、下から積み上げられていくならば、その国家はほんものの有機体となるであろう。「そこでは万人は全体の内に織り込まれ、人は他者の内に働き生きる」などと言う。「自治」とはまさしく民主主義的な制度である。トリーペルは「現在においては未来の理想像は心の中に去来するのみであるが、それを肉眼で見ることのできる幸せの世代に属したいものだ」(S.31)という言葉で締めくくっている。申し訳ないが、彼のこの多言の背後には、民主主義への嫌悪感を除けば、理解さるべきものは、全く何もない。しかしこれこそ、民主主義に敵対する「有機的」国家観の特徴を極めてよく示す文献である。

(16) ミッヒェルスはこのことをその著『政党社会学』において示した(邦訳としては、『現代民主主義における政党の社会学』(森博・樋口晟子訳、木鐸社、一九七三年)、および『政党政治の社会学』(広瀬英彦訳、ダイヤモンド社、一九七五年)〕。Robert Michels, *Zur Soziologie des Parteiwesens*, 2.Aufl., 1925〔初版 1911〕.

(17) 拙著『議会制の問題』(森田寛二訳、『著作集Ⅰ』三七頁以下。*Das Problem des Parlamentarismus*, 1925) および同書掲載の文献参照。

(18) 代表の擬制については、拙著『一般国家学』(五一八頁以下。S.310ff.)。

(19) 拙著『国法学の主要問題』(*Hauptprobleme der Staatsrechtslehre*, 2.Aufl., 1923, S.97ff.〔初版 1911〕) および『一般国家学』(一一〇頁以下。S.65ff.)。

(20) Adolf Merkl, *Allgemeines Verwaltungsrecht*, 1928, S.85, 157ff.

(21) マルクスは、議会制は「支配階級のうちの誰が議会において人民を代表し、蹂躙する(ver- oder *zertreten*)かを三年か六年に一度決定するもの」であるが、一八七一年のパリ・コンミューンは、「議会的組織でなく実行的組織」で、「普通選挙を通じて、行政に直接介入するような仕方で、人民に奉仕するものであった」と言っている(*Bürgerkrieg in Frankreich*, 3.Aufl., S.47〔「フランスの内乱」『マルクス・エンゲルス全集』一七巻、大内兵衛・細川嘉六監訳、大月書店、一九六八年、三一五―三一七頁〕)。レーニンはこのマルクスの言葉を引用しつつ、新共産主義の基礎をなす著書において、議会制の廃止を要求している(*Staat und Revolution*, 1918, S.40ff.〔「国家と革命」『レーニン全集』二五巻、大月書店、一九五七年、四五五頁〕)〔ケルゼン「社会主義と国家」『著作集Ⅱ』五〇―五一頁〕。レーニンはこの批判によって、真の民主主義を論破したと信じたが、実際には議会制さえ論破していない。ボルシェヴィーキがロシア・ソヴィエト憲法において樹立した代議制度は、この点に関して民主主義の克服どころか、それへの回帰である(彼らには当然、代議制度そのものを廃止する力も意志もない)。任期の短縮、人民による各段階評議会(ソヴィエト)代議員の随時の召還可能性、それと結びついた代議員の選挙権者への完全な従属、民意の原素材(Urmaterial)との密着、これは最高に純正な民主主義ではないか。「代議員と選挙民は恒常的で生きた結びつきをもつべきだ」という要請が前提するのは、選挙民が代議員に対し実効的なコントロールをなし得るために、選挙民が常にそばにいることである。定期的選挙民集会ではこの目的は達成されないであろう。個々の経済的職場(工場・仕事場・連隊)が選挙民の単位となり、この選挙権者たちの日々集まる労働共同体で緊密な同志意識が育まれる。この職場から地区ソヴィエトへ、地区ソヴィエトから州ソヴィエトへ、そして最高議会である労働者・農民・兵士の全ロシア会議へと代表が送り出される。この会議が二〇〇人の委員で構成される中央執行委員会に立法権・行政権を授権する。これによって恒常的な民意の可能性がもたらされるのみならず、民意が、有権者集会の偶然に左右されず、職場の労働共同体との永続的・内面的接触の中から現れる内的法則性(仮にそのようなものがあればの話であるが)に従って形成されることへの最善の保障も生み出される。個々の経済的職場においては、労働者たちはその運営に参与し、あるいはその運営者となるから、これこそが経済の民主化である。それが貫徹可能か、うまくいくかというようなことはここでは問わない。ただ指摘さるべきは、社会主義がこの要請によって実施しようとしているのが、民主的組織原理に他ならないということである。

ソヴィエト憲法の特徴をなす職場単位の選挙人組織の有する民主主義的意味は、(ソヴィエト憲法史の示すように)当初からの意図ではなかった。しかし多くの社会制度は、発展の過程で、元来結びついていた意味とは異なった意味をもつようになるものである。しかも同憲法は、この民主的組織原理を首尾一貫して採用しているわけでもなく、全然民主的でないところもある。この憲法は勤労人民(Werktätige)のみが選挙権をもつとしているが、職場(Betrieb)で働いていない労働者たち(精神労働者、小手工業者、特に小農)も多数ある。それゆえ選挙権をもつ評議会に労働組合等をも加えるべきで、農民などの有権者に関しては、「職場」という要件を撤廃し、選挙制度の基礎を「村」のような地域団体とすべきである。もっとも多様な選挙母体を導入することにはいろいろな短所もあり得るが、ここでは立ち入らない。また職場を永続的選挙単位とすることが経済的生産の政治化を招き、経済的生産を危うくするのではないかという、いっそう重要な問題にも立ち入らない。ロシアの経験に徴すると、この危惧の念はまったく当っている。まさしくこの短所は、直接民主制特有の短所である。古代都市国家において直接民主制が可能であったのは、政治的有権者集団と経済的勤労者集団(奴隷)が基本的に分離されていたからである。

経済的・文化的先進大国においては、直接民主制は実行不可能であるから、代表制は不可避である。そこで民意と代表者との結びつきを可能な限り恒常的・密接なものとしようとすれば、生じてくる傾向は、議会制の廃止・縮小ではなく、ある意味で正反対に、議会制の異常肥大である。

ブルジョワジーの代表制民主主義に意識的・意図的に反対するロシア・ソヴィエト憲法は、この傾向を明確に示している。そこでは普通選挙で選ばれた唯一の議会に代えて、ピラミッド型の構造をもつ無数の議会が登場した。それは「ソヴィエト」ないし「評議会」(Räte)と呼ばれるが、代表機関に他ならない。この議会主義の量的拡大(Extensivierung)と手を携えて、その質的集約化(Intensivierung)も進行する。新共産主義の言い方によれば、議会は単なる「おしゃべり小屋」から、実効的＝労働的に仕事をする組織となった。すなわち議会は、立法し、一般規範・一般原則を定立するのみならず、執行部の任務を引き受け、法創造行為をその底辺、個別国家行為・個別法律行為に至るまで完遂する。最高中央議会から、地域的・職能的議会へと分化し、個々の職場へ放射状に展開するのもこの傾向の顕れである。ここに見られるのは、立法のみならず行政をも民主化しようとする試みである。官僚的・専制的に任命され、時に法律の許す広範な枠内の権限を用いて被治者に自らの意志を強制し得る行政官に代わって登場するのは、それまで行政の対象であった被治者自身である。行政の客体が行政の主体となるのである。もっとも被治者は直接行政主体となるのではなく、選挙された代表者を通じてであるが。それゆえ、行政の民主化はさし当って議会化を意味するのである。この点については拙著『社会主義と国家』(『著作集Ⅱ』。*Sozialismus und Staat*, 2.Aufl., 1923)を見よ。

ファシズムも民主主義および議会主義に対する情熱的な闘争をもって発足した。現在ファシズムは、人民投票的(plebiszitär)性格、時には直接民主制的・過激民主派的性格をもって自己を正当化しようとする。これまでも議会を廃止せず、ファシスト党が議会で多数派を確保し得るように選挙法を改革した(この点についてはミッヒェルス『イタリアにおける社会主義とファシズム』(Robert Michels, *Sozialismus und Faszismus in Italien*, 1925, S.298ff.)参照)。ミッヒェルスによれば、ファシズムの反議会的傾向はヴィルフレード・パレートに依拠している(S.301)。ミッヒェルスは、パレートのその著『政治的遺言――将来の憲法体制に関する諸論点』(Vilfredo Pareto, "Testamento politico: Pochi punti d'un futuro ordinamento costituzionale", *Giornale Economico* I. Nr.18)における主張を、以下のように紹介している。すなわち「(パレートによれば)統治にとって民衆の同意は必要だが、参加は必要でない。議会の多数派に依拠するだけでは不充分である。なぜなら多数派には常に分裂・離反の危険があるからである。しかし裸の暴力で支配することもまた勧められない。統治は力のみならず、世論の賛成を基礎としなければならない。この目的のためには、議会も国民投票も極めて有用である、と。それゆえパレートは、議会制廃止論にはくみしなかった。いったん代議制度が導入された以上は、それは維持さるべきだ、というのである。そこで政治家の仕事は、議会制の危険を、力の及ぶ限り予防するための方途を見出すことに限定される」。それではその方途とは何か? パレートによれば、それは国民投票と報道の自由である。これは過激な民主主義ではないか。この、貴族主義者ぶった反民主・反議会の理論の行き着いた先は、現実政治的提案をする場面になると、その論敵の議論と瓜二つになる。(ミッヒェルスによれば(S.302)パレートは、「民衆の支配が非常に立派だということはないが、民衆代表の支配よりはましである。したがって重要なことは、民衆の中でなお活力を有している民主的イデオロギーを慰撫するため、議会制には装飾的要素として手をつけず、しかし同時にそれを無害化することである」と言っている。ミッヒェルスはこのパレートの議論をマキャヴェリアンと呼んでいるが、そうではない。彼はむしろ偽悪者なのだ。要するに彼は、「国民投票によって限定された議会制以上の国家体制はない」と言っているのだから。彼がこの国家体制は、相対的には最小悪であるにせよ、悪であると言っているとすれば、これこそ明らかにパレートの特徴である極めてリベラルな基本思想にぴったり適合するものである。

(22) 論者の政治的価値判断が理論にいかに影響するかを如実に示すのは、シュテッフェンとハスバッハの直接民主主義論、特に拘束的指令論の対比である。シュテッフェンは、民主主義は最善の国家形態であるとし、拘束的指令は欠陥ある制度だと考えるから、「拘束的指令は反民主主義的である」と言う(a.a.O., S.93)。それに対しハスバッハは、民主主義の反対者で、拘束的指令は有害な制度だとし、したがって「拘束的指令は国民主権の帰結である」と即断する(a.a.O., S.322)。この点では反民主主義者の方が、民主主義の本質を正当に認識している。

(23) Vgl. René Marco Delannoy, "Von der gebundenen Liste zur reinen Parteiwahl〔拘束名簿制から純粋政党選挙へ〕", *Der österreichische Volkswirt*, 17.Jahrgang, Nr.34, S.930ff.

(24) 拙著『議会制の問題』(『著作集I』四八頁。S.21)および掲載文献参照。

(25) 拙著『一般国家学』(二五七頁以下。S.154ff.)参照。

(26) そこから、比例代表制と選挙区分割(選挙民の地域的分割)を結合することのもたらす内的矛盾が生ずる。多数決制への匡正《きょうせい》として必要だったものが、比例代表制に組織上の混乱をもたらすのである。

(27) もっとも比例代表制には黙過できない危険性がある。有権者内における政党構成がある程度安定し、各党派間の得票の大きな変化が当分の間見込めなくなり、(議会の多数決制の効果として)直接・間接に二大政党制が形成されると、比例代表制にはある種の政治システムの硬直化という危険が潜む。(圧倒的多数ではないにせよ)多数を占める党派は永続的に政権に就き、相当数の議席を占める野党が長期にわたって政権から遠ざけられる。そこでは、二大政党がシーソーのように、交替で政権を担当し、責任を果たすという、健全な政権交代の可能性が失われる。最近まで政権に在り、また遠からず政権に復帰する見込みのある野党は、長く政権から遠ざかっていた野党に比べて、政府に対する態度にも大差があり、理解と善意をもって接することができる。万年野党は憤懣遣る方ないから、馬の鞍を乗っ取るほどではなくても、手綱の制御を困難にするくらいには、政権の麻痺をもたらす危険性をもっている。そういう状況に置かれると、比例代表制への不満から、選挙区分割に基づく多数代表制への復帰論が出てくるのも、理解できないことではない。なぜなら、まさしくこの選挙区分割制は、偶然的・非合理的な要素を含み、上述したような政党状況において、国民の中で半数に近い支持をもつ少数党にも、その偶然によって多数議席を獲得し、政権を掌握するチャンスを与えるからである。もっとも、同じ偶然が、やがてその党派を少数派・野党に戻すことにもなるのだが。というのは、全国的には政党議席数は比較的安定していても、個々の選挙区では、さまざまな理由から変動が起こり得るから。

(28) Max Adler, *Die Staatsauffassung des Marxismus*, 1923, S.116ff.〔マルクス主義の国家観〕および拙著『社会主義と国家』(『著作集II』九〇頁以下。S.123ff.)参照。

(29) オットー・バウアー『オーストリア革命』(酒井晨史訳、早稲田大学出版部、一九八九年。Otto Bauer, *Die österreichische Revolution*, 1923, S.16)、および同書に対する私の書評(“Otto Bauers politische Theorie”, *Der Kampf*, 17.Band, 1924, S.50)〔オットー・バウアーの政治理論〕、およびバウアーの反論(“Das Gleichgewicht der Klassenkräfte”, *Der Kampf*, 17.Bd., 1924, S.57ff.)〔階級闘争の均衡〕参照。さらにアドラー『政治的デモクラシーか社会的デモクラシーか』(小山博也訳、同時代社、二〇一三年。Max Adler, *Politische oder soziale Demokratie*, 1920, S.112ff.)。

(30) この点に関しては、私は本書初版では異なった見解を表明していた(Vgl. *Vom Wesen und Wert der Demokratie*, 1920, S.23ff.〔『著作集I』一四頁以下〕)。

(31) Adolf Merkl, *Demokratie und Verwaltung*, 1923〔民主主義と行政〕、および拙著『一般国家学』(六〇四頁以下。S.361ff.)参照。

(32) 拙稿「憲法の司法的保障」(“La garantie juridictionnelle de la constitution”, *Revue du Droit public et de la science politique en France et à l'Étranger*, 1928, S.54ff.)参照。

(33) すでにハスバッハは、「モンテスキューの権力分立論と国民主権論は両立不可能である」と主張している(a.a.O., S.17)。

（34）この点に関しては、拙稿「神と国家」(『著作集Ⅵ』一四五頁以下。"Gott und Staat", *Logos: Internationale Zeitschrift für Philosophie der Kultur*, Bd.XI, Heft 3, S.261ff.)参照。

（35）本文では、民主主義が最善の統治者選択を保障するとは言っていない。ただ専制的方法に対する民主的選択方法の特徴を指摘したのみである。もっとも本書初版でこの点について民主主義を支持する不適切な価値判断を唱えたのに対し、ラインホルト・ホルネッファーは、その著『ハンス・ケルゼンの民主主義論』(Reinhold Horneffer, *Hans Kelsens Lehre von der Demokratie*, 1926, S.77)において、その矛盾を正当に批判している。私が民主主義支持を決意したのは、本書最終章で説くように、もっぱら民主主義的国家形態と相対主義的世界観の結びつきのゆえである。私はこの立場をすでに『一般国家学』(六一五―六二〇頁。S.369–371)で表明しているが、ホルネッファーはそれに気づかなかったようである。

（36）拙稿「政治的世界観と教育」("Politische Weltanschauung und Erziehung", *Annalen für soziale Politik und Gesetzgebung*, 2.Bd., 1.Heft, 1912, S.1ff.)参照。

（37）Vgl. Steffen, a.a.O., S.97.

（38）Steffen, a.a.O., S.148, 149.

（39）前注(29)参照。

（40）形而上学的世界観が専制支配への信念と結びついていることは、思想史的に容易に示すことができる。このことはすでに、アドルフ・メンツェルがそのすぐれた論文「民主制と世界観」(『ケルゼン著作集I』三一七頁以下。"Demokratie und Weltanschauung", *Zeitschrift für öffentliches Recht*, Bd.2, S.701ff.)において示している。古代哲学において、著名な形而上学者たちはすべて専制主義的政治論に加担している。ヘラクレイトスもプラトンも。プラトンはこの点では観念論者というより形而上学者である(両者は同一でない)。それに対しソフィストたちは、自然哲学的経験論と相対主義を民主主義擁護の闘争と結びつけた。アリストテレスは、認識論においても倫理学においても両者の中間にある。——中世スコラ学の壮大な形而上学的体系は、その専制主義的政治論と切り離すことはできないだろう。彼らは人間界の社会組織を(皇帝ないし教皇を頂点とする)普遍君主制として理解したが、それはこの組織を神の世界支配の類比として捉えたからである(この点に関しては拙著『ダンテの国家論』(『著作集VI』一頁以下。*Die Staatslehre des Dante Alighieri*, 1905)参照)。——スピノザの汎神論は、形而上学を棄てて経験的自然認識に向かったものとして理解さるべきであり、彼は民主主義者であった。それに対し、「神によって築かれた予定調和」の形而上学者ライプニッツは、当然のこととして専制支配を支持した。

　独自の地位を占めるのはカントである。彼の体系は「観念論」と性格づけられ、実証主義と対置されるが、それは誤りである。カントの観念論こそは、すでにその徹底した批判的性格のゆえに、実証主義的性格をもっている。彼の先験哲学は、経験の理論としてしか正当に理解され得ず、それを首尾一貫して考え抜けば、世界観の領域において、あらゆる形而上学的絶対者を否定し相対主義的立場に到達するはずである。ところがカント自然哲学の反形而上学的・実証主義的性格と裏腹に、その倫理学や政治論は極めて伝統的で、相対主義的・懐疑的基本思想と鋭く対立する(このことはカント自身の言葉を引用して示すことができる)。カントの倫理思想・政治思想の体系は、徹底した形而上学的志向のものであり、したがってその実践哲学、保守的・君主主義的国家論・法理論は、絶対的価値と全く適合している(拙著『自然法論と法実証主義の哲学的基礎』(『著作集Ⅲ』一一七頁以下。*Die philosophischen Grundlagen der Naturrechtslehre und des Rechtspositivismus: Vorträge der Kant-Gesellschaft*, Nr.31, 1928, S.75f.)参照)。

しかし、彼の説く純粋理性の批判的体系によれば、認識は決して完結することのない永遠の過程であり、真理は無限の彼方に移される。したがって、真理は懐疑論におけると同様、到達不可能なものとなる。認識がその対象を完全に支配することは不可能で、カントの哲学においては、認識対象への問いが認識方法への問いに転換する。否、両問題は同一のものとなる。方法論を第一義的とするこのカントの方法論主義(Methodologismus)は従来強い批判の対象となってきた。しかしここで思い当たるのは、社会秩序の正しい内容への問いに代えて、この秩序を創造するやり方、方法への問いを設定する政治的態度との並行性ではないか。

民主主義の擁護（一九三二年）

I

人々が〔第一次〕大戦の酷烈な日々の中で、恐怖の現状に堪えようとして未来に目を向け、より良い政治的未来を展望しようとしたとき、何より念頭に浮かんだのは、民主主義の実現であった。大戦が敗北をもって終結したときに、大多数のドイツ国民は一致して民主的共和国という政体を選んだ。この確信の記念碑がワイマール憲法である。

人々はこの憲法を、一国民がかつて自らのために立法した憲法の中で、最も自由な憲法だと呼んだ。そしてそれは正しい。実際それは世界で最も民主的な憲法である。国民にこれほど多くの権利を与えている憲法は例を見ない。その第一条は「全権力は国民に発する」と謳っているが、全内容がこれほどこの原則に適合している憲法は他にない。ニーチェは国家を「新たな偶像」「冷血の怪獣」と呼び、それは「国家たる我は国民である」という嘘をつく、と言っているが、そしてこの言葉はどこかの国では嘘かもしれないが、少なくともこのドイツにおいては、嘘ではない。実際ドイツ国家はドイツ国民なのだから！

ところが、あのワイマールにおける歴史的憲法制定から僅々十年余を経たばかりの現在、世界の憲法の中で、国民から疎外されることかくの如くはなはだしい憲法、多くの国民よりかくまで冷淡無関心に扱われ、それ以上に多くの国民よりかくまではなはだしき憎悪と侮蔑をもって迎えられている憲法はない。ドイツ人は、かつて自らに与えた自由を、もはや欲しなくなったかの如くである。

もっとも、かつて照り輝いていた自由の理念の光が消え失せようとしているのは、ドイツ国民においてのみではない。民主主義の理念は色褪せ、現代の暗い地平に、新たな星が昇り始めた。その血腥《ちなまぐさ》い光が大衆を照らすとき、大衆は跪座してそれを礼拝する。この星とは独裁の星である。この星の旗幟の下で民主主義に対する闘争が挑まれ、民主主義は二正面作戦を強いられている。一方は、いよいよ拡大し、いよいよ広汎な労働者層を把握しつつある極左のボルシェヴィズムの闘争であり、他方は極右ファシズムの闘争である。それはドイツでは民族社会主義（ナチ）と呼ばれ、他の政治組織には例を見ない烈しさで拡大しており、現在すでにブルジョワジーの大部分を掌握した。この二つの反民主主義運動の目的は何か。その一方の目標は、プロレタリア独裁とそれに伴う経済的・文化政策的帰結という明確なものであるが、もう一方について知り得るのは(少なくともドイツ・ファシズムに関する限り)、ナショナリズムと社会主義を混淆し、奇妙で矛盾に満ちたイデオロギーのみである。そのイデオロギーの背後で実現さるべき現実の独裁について当面知り得ることは形式のみであり、その形式にどのような内容を盛り込むかについては、指導者たちでさえ確固とした観念をもっていないように見える。この独裁が予示する形式はいよいよ獰猛になるが、その独裁権が結局いかなる利益のために行使されるのかはいよいよ不明確となる。この闘争において勝利を収めるのは誰か、その勝利は一時的なものか、永続的なものか、我々は知らない。ただ一つ分かることは、右翼が勝とうと左翼が勝とうと、その旗は民主主義の墓の上に立てられるであろうということである。

この現実界における社会勢力としての政治集団間の闘争に対応して、精神と精神の闘争がある。社会理論の領域(その最大の部分は政治的イデオロギーの領域なのだが)において、民主主義の価値に関する判断は、過去十年間に驚くべく急変した。民主主義政体について何らかの長所を見る理論家の数は減少の一途を辿り、そればかりか民主主義の本質を客観的に認識しようとする者もいよいよ減少している。公法学界や社会学界では、民主主義を侮蔑の言葉をもって律し去ることがほとんど自明のこととなり、（直接・間接の）独裁制を新時代の曙光として迎えることがモダンなものとみなされている。そしてこの「学問」的態度の変化は、哲学戦線における変化と手を携えている。民主主義的精神の生きる空間である経験的・批判的合理主義の明晰性は今や浅薄と誹謗されて背を向けられ、形而上学の朦朧性が深遠と解されて、曖昧模糊たる非合理性崇拝への回帰が唱えられる。古来諸々の形態の専制支配は、このように特異な雰囲気の中で栄えてきた。「合理主義から非合理主義へ」これが現代の標語である。

それゆえにこそ、諸々の政治的イデオロギーの蒙昧性に捉われない少数者は、以前のどの時期にも増してまさに現在、このように誹謗された民主主義の真の本質、真の価値を自覚し、その価値のために公然と発言することが、二重の意味で喫緊事である。その価値が失われ、その喪失の打撃が人々の身にしみる以前に。このような努力によってこの打撃を避けられる見通しが明るいわけではないが。——現在民主主義の友は、救命の可能性がほとんどなくなった重症患者について、なお治療を継続している医師の立場に似ている。——しかし、現在民主主義を救う見通しが皆無になったとしても、民主主義への帰依を表明することは、全民主主義者の義務であろう。思想への忠誠は、その思想の実現可能性とは独立に存在する。思想への感謝は、その実現が葬られて後にも、その墓を乗り越えて存続する。

そのような忠実と感謝を表明するためには、何よりも、左右の不当な非難に対し民主主義を擁護すべきである。

II

「平等原則を唱道する民主主義がもたらしたものは、実際には形式的・政治的平等に過ぎず、実質的・社会的平等ではない。したがってそれは単に政治的な民主主義ではあっても、社会的な民主主義ではない。その国家はブルジョワジーの国家であってプロレタリアの国家ではなく、それゆえブルジョワジーによるプロレタリア搾取の政治的形態に過ぎない」。社会主義の側からの民主主義批判、否、(私見によれば)民主主義批判一般の中でも最も重大なものはこう主張する。私はこのような批判に対して、「正しく理解された民主主義が実現しようとするのは、平等の原理ではなく自由の原理、政治的自律の原理であって、特にドイツに関していえば、この真の民主主義は完全に実現されている。約束したことはすべて果たされているはずだ」とか、「国家組織の民主化に伴って社会政策的諸原則も立法・行政において実施され、国家機構はいよいよ無産階級の利益に奉仕するようになるはずだ」などというつもりは全くない。実際現在の民主主義はなお本質的にブルジョワ民主主義に留まっており、この政体の中で資本主義制度は維持されていて、社会主義は実現を見ていない、ということを承認せざるを得ない。しかしなぜそうなのか？　それは民主主義の責任(功績という人もあるだろう)なのか？　全くそうではない！　社会主義が未だ実現されていないことの責任を民主主義に求める議論は、経済的困窮の責任を敗戦でなくワイマール体制に求める見解に劣らず、近視眼的で皮相なものである。民主主義がなおブルジョワ的・資本主義的民主主義に留まっている理由は、社会主義を求めるプロレタリアがこれまでのところ国民の多数となっていないからである。なぜそうなのかの諸理由は、いずれも政治形態の射程外のことである。しかしプロレタリアは、現に階級として政治勢力となり、国家意志形成に対し強大な影響力を有している(政治組織としてはなお少数派であり、ドイツにおいてはプロレタリア政党が二つに分かれているにもかかわらず)。こうしたことは、民主主義(基本的にはブルジョワジーによって創造された民主主義)が実現されていなければ不可能であっただろう。

共産主義者たちは、プロレタリアの心を独裁に向かわせるために、民主主義を誹謗し、プロレタリアたちの民主主義への信頼を失墜させようとしているが、彼らは民主主義こそがプロレタリアの政治的向上に適合した政治体制であることを忘れているか、分かっていて否定しているかのいずれかである。プロレタリアの政治的向上は、ブルジョワジーが封建国家・警察国家において、貴族層を排しつつ達成した向上とは比較にならないほど急激なものであった。ブルジョワジーは、自分たちのみのために、民主主義を闘い取ったのではない。彼らは、いわゆる第四階級のためにも、政治的発展の可能性を創り出し、それによって、(ブルジョワ的・資本主義的な経済体制に対し敵対的な)社会主義の実現にとって最も重要な前提を創り出したのである。

しかし、少なくとも現在看取し得るところでは、民主主義は、社会主義を目指すプロレタリアの最終的権力掌握の政治形態とはなっていない。それこそが、マルクス主義的社会主義政党が二分している理由である。共産主義者と社会民主主義者の分離は、根本的には、後者が民主主義を支持し続けたのに対し、前者が民主主義は社会主義実現のために適当な政治形態ではないと見て、それと絶縁したことによる。マルクスとエンゲルスは、多少動揺し、曖昧なところもあったが、最終的には、プロレタリアに民主主義のために闘うべきだと説き、プロレタリアが支配する過渡期の国家は民主主義国家であるとした。彼らがそのような結論に達した理由は、いわゆる窮乏化理論を基礎として、プロレタリア、しかも階級意識をもち、社会主義的心情をもつプロレタリアが必然的に民衆の圧倒的多数となると信じたからである。どうもこれは思い違いだったようだ。その思い違いの一つは、経済構造上、プロレタリアの広汎な層が全くの無産層と富裕な有産層の中間にあることを軽視した点にあるが、もう一つはプロレタリア化ないし半プロレタリア化したブルジョワジーの陥る心理的状況についての思い違いである。彼らは自尊心の拠点をプロレタリア意識という新たな階級意識に求めようとはせず、心の支えとして社会主義的イデオロギーではなく、民族社会主義(ナチ)的イデオロギーにすがりついたのである。没落したブルジョワジーは、経済的に不可避のプロレタリア化を、英雄的・ロマン的な精神態度によって心情的に償おうとしたのである。そしてこの「新たなプロレタリア」も民主主義に背を向けた。共産主義者たちは社会主義を欲するがゆえに反民主主義者となったが、彼らは社会主義を欲しないという理由で反民主主義者となった。他方ではなお残存するブルジョワジー、すなわち大ブルジョワジーも同時に民主主義陣営に背を向けた。なぜなら、彼らの見るところでは、民主主義陣営は、逆流に抗しつつも高揚する社会主義の潮流に対して、資本主義体制の確実な防壁となりそうもないからである。そして没落ブルジョワジーは、この大ブルジョワジーの政治的志向を補強している。

民主主義からの逃避という現象が示しているのは、民主主義という政治形態が、一方の階級が決定的に勝利し、他方が壊滅的に破滅するという結果に至る階級闘争にはふさわしくないということである。なぜなら民主主義は、社会的平和、対立の調整、中道における相互的理解の政治形態だからである。仮にドイツ国民の統一を不吉に分裂させている階級対立の脅威を、流血革命の破局に突入させず、平和的に解決する途《みち》が存在するとすれば、それは民主主義の途以外にはない。この途は、平和を欲せず、平和の代価を欲しない人々の欲しないところであるが。この途とは、妥協の途に他ならない。

III

右翼陣営は民主主義をどのように非難しているか。そこで見出されるのは、しばしば相互に矛盾した多種多様な議論であるが、最も通俗的に流布しているものの一つは、「民主主義は腐敗の恰好の温床だ」というものである。しかし実際には、この弊害は専制支配においても民主主義に劣らず多い。ただ専制支配においては、国家権威に都合の悪いことはすべて隠蔽するという原則が支配しており、それが表に出ないのに対し、民主主義においては、その特徴である公開性の原則のゆえに目立つに過ぎない。そこでは、あらゆる害悪が白日の下に曝される。まさにこのことが害悪是正の有効な保障となっている。この民主主義腐敗温床論に劣らず頻繁に唱えられるのが、「民主主義は規律に欠ける」、特に「軍隊が腰抜けになり、外交が弱腰になる」という非難である。一見すると、これはまさしく民主主義の中枢神経に的中する議論のように見えるが、歴史の経験に徴してみると、根拠薄弱である。世界大戦において、民主主義諸大国が外政上・軍事上示したところを見よ。

独裁制論者が民主主義を批判する理論として繰り返し持ち出してくるのは、「民主主義の基本原理である多数決原理は、内容的に正しい団体意志の形成を保障するものとして、全く不適当だ」という議論である。「多数決はそれによって創造された秩序が善いものであることの保障に全くならない。なぜならそれは意志形成の方法に過ぎず、その意志がいかなる内容であるべきかを示さないからである。それゆえ決定を多数者に委ねるべきではなく、最善者が支配すべきである」と言う。これはプラトン以来民主主義の反対者が繰り返し唱えてきた言い草であるが、だからといってもっと良い代案を提出し得たわけではない。それは相手を批判する議論としてはもっともらしいが、積極的には何も述べていない。最善なものが支配すべきであるのは自明のことであるが、それはただ「社会秩序は正しい最善の内容をもつべきだ」というに過ぎない。それに反対する者はいない。問題は「何が正か、それはどこにあるか、誰が最善者か、最善者が、最善者のみが支配権をもつに至る絶対確実な方法は何か。押し寄せてくる諸悪の攻撃の中で、最善者のみに支配権が帰着する方法は何か」にある。これは社会理論上も社会実践上も決定的に重要な問題であるが、反民主主義陣営はこれに対し何の解答も有していない。彼らはあらゆる救済を統治者(Führer)に期待するが、その統治者がいかにして創り出されるかは、専制支配においては神秘の闇に覆われている。民主主義においては、統治者の創造は、統制可能な公開の手続、すなわち選挙を通じて白日公然の中で行なわれるが、専制支配においては、合理的方法でなく、社会的奇跡への信仰が支配する。そこでは、善を知り、善を欲する神寵を受けた統治者の存在が理屈抜きに前提されており、統治者選定の組織化という社会技術的問題は、解決されないままに棚上げされ、イデオロギー的に隠蔽される。しかし独裁制の現実においては、それを決定するのは力であり、他者を屈服させる力をもつ者が最善者とみなされる。「最善者に排他的支配権を」という定式の背後に潜むものは、せいぜい徹頭徹尾無批判的に奇跡を信仰する権力崇拝に他ならない。

「最善者が支配すべきだ」という教説を根拠として通常持ち出されるのが「すべての問題、ないし重要なすべての問題の決定は専門家に委ねるべきである」という要請である。この議論との関連で、民主的組織に代わるものとして職能別組織が持ち出される。「言葉の最広義における技術的問題は多数決のみで決定することはできない」というのは全くその通りであるが、「民主的原理と専門的・職能的原理とが本質的に対立する」と考えるのは全くの誤りである。第一に注意すべきは、政治体制における専門家の役割は、二次的なものでしかあり得ないことである(遺憾ながら、このことはたいてい見逃されている)。ここで第一義的に重要なのは、社会的目的を決定することで、それは専門家の出る幕ではない。目的が決定されて初めて、その目的を達成する有効な手段の決定という段階で、専門家の出番となる。ドイツでは近視眼的な専門家偏重の風潮があるが、政治的理性を専門家的知性に屈服させることほど、自律権喪失への近道はない。いつの時代でも、この専門家的知性が専制支配の最も有効なイデオロギーであった。専門家をいたずらにもてはやす人々は、専門家の間で頻繁に対立が生ずることを忘れている。純粋に技術的・自然科学的な領域においても対立は起こるし、まして社会技術的領域ではなおさらである。この対立に決着をつけ得る者は、非専門家、すなわち政治家のみである。目的自体の決定、目標の設定、特に窮極的社会目標の定立は、専門家的考量の埒《らち》外《がい》にある。したがって職能組織も、自らの内から必要な決断を下すことはできない。利害対立や権力問題は、民主的妥協か、専制的な命令かによってのみ解決され得る。職能組織は専門家組織であり、決定機関ではあり得ず、諮問機関でのみあり得る。議会に対し、あるいは独裁者に対し、諮問機関として助言するのである。

「何が社会的正当性か、何が善か、何が最善か」という問題に、客観的正当性をもった絶対的解答、万人にとって直接的に明証的で、直接的拘束力をもつ解答が可能であるならば、民主主義などというものはそもそも不可能である。疑問の余地なく正しい行動について、投票し、決を採ることが何の意味をもちうるか。絶対善の権威の恩恵を受けるすべての者は、その権威に感謝をもって無限の服従を捧げる以外の何をなし得るか。しかし「社会秩序の最善の内容は何か」という問いに対し、こういう仕方で解答を与えることが可能なのであろうか。そもそも人間的認識は絶対的価値に到達し得るものか。

人類の精神は、幾千年の間この問題と格闘してきたが、不毛であり続けた。絶対的価値の存在を信じ、自己ないし他者の誰かがこの価値を専有していることを知る者のみが、民主主義を糾弾する権利をもち、自らの意志を他の万人の意志に反しても貫徹し、自らの信念を実力をもってしても万人に強要する権利をもつであろう。それに対し、人間的認識の到達し得るのは相対的価値のみであると認識する者は、その価値の実現に不可避の強制の正当化可能性を、強制秩序が拘束する対象である人々の、少なくとも過半数の同意にしか求め得ないであろう(全員の同意を求めることは、無政府状態を招くから不可能である)。これが民主主義原理である。民主主義は自由の最大化を求めるが、それはすなわち国家秩序の内容としての「一般意志」(volonté générale)とこの秩序への服従者個々人の意志である「全員意志」(volonté de tous)との間の乖離《かいり》を最小化するという要請に他ならない。

この自由は、民主主義的国家形態以外の形態においては、回復不可能なまでに失われてしまう。特に独裁制においては。それが社会主義的独裁であれ、民族主義的独裁であれ。そして自律という意味での政治的自由が失われるとき、必然的に精神の自由が失われることは、歴史の各頁が教えるところである。この精神の自由とは、学問の自由であり、倫理的・芸術的・宗教的信念の自由である。現在民主主義を敵として闘っている知識人たちは、自分の坐っている枝を鋸《のこぎり》で切っているようなものだ。彼らは現在、独裁を呼び求めているが、実際に独裁制の下で生きてみれば、それを呪い、かつてははなはだしく誹謗した民主主義への回帰を希求するであろう。

Ⅳ

最後に考察さるべきは、ボルシェヴィストでもファシストでもなく、他ならぬ民主主義者たちによってなされ得る次のような民主主義批判である。

民主主義は、その敵に対する防衛を最も怠る国家形態である。民主主義の悲劇的運命は、その最悪の敵をも自らの乳房で養わねばならないところにあるようだ。民主主義が自らに忠実であろうとすれば、民主主義の否定を目的とする運動をも容認し、反民主主義者を含めたあらゆる政治的信念に平等の発展可能性を保障しなければならない。我々の前で展開しているのは奇妙な劇だ。民主主義は、最も民主的な方法で廃棄されようとし、民衆はかつて自らに与えた権利を奪ってくれと要求している。彼らは、自分たちの最大の不幸は自分たちの権利だと、信じ込まされているからだ。このような情景を眼にするとき、我々はルソーのあの悲観的な言葉を信じたくなる。「このような完璧な国家は人間には立派過ぎる。神々の国のみが民主的統治を永続させ得るであろう」と〔『社会契約論』第三編四章〕。

さらにこの情景を前にして、「もはや民主主義の擁護も理論的擁護にとどめるべきか」という問題が起こる。「民衆がもはや民主主義を欲しなくなり、多数者が他ならぬ民主主義破壊の意志において結集している場合、民主主義はその民衆、その多数者に抗して自らを防衛すべきか」。この問いを設定すること自体、「否」と答えることに他ならない。多数者の意志に抗して、実力行使に訴えてまで自己主張する民主主義なるものは、もはや民主主義ではない。民衆〔Demos〕の支配〔Kratos〕である民主主義が民衆に敵対して存立し得るはずがないし、そのようなことは試みるべきでもない。民主主義者はこの不吉な矛盾に身を委ね、民主主義救済のための独裁などを求めるべきではない。船が沈没しても、なおその旗への忠誠を保つべきである。「自由の理念は破壊不可能なものであり、それは深く沈めば沈むほど、やがていっそうの強い情熱をもって再生するであろう」という希望のみを胸に抱きつつ、海底に沈みゆくのである。

訳者解説

1　ルソー

『人間不平等起源論』(一七五五年)において、ルソーはオランウータンをそのまま人間にしたような、無知で寡欲な「自然人」たちから人類史の叙述を始めている。しかし時代の推移につれて、彼らの中から狡猾な人間が登場し、土地を区画して「これは俺のものだ」と宣言する。人々は、それに抗議せず、ぼんやり見守って黙認する。「無主物先占と黙示の承認」によって人類の法史が始まる。同様に狡猾な人物が次々に登場し、あっという間に土地は占拠しつくされ、ぼんやりしていた人々の住む場所がなくなる。これまで自由に採集できた果物も、取れば窃盗罪となり、さすがに彼らも騒ぎ出す。これを見た占拠者たちは、彼らから財産を防衛するために「国家契約」を結ぶ。しかしこういう国家は自然法に反し、「素性が悪く」、結局大混乱のうちに破滅する。

ルソーは七年後に、これに代えて、もっと「素性の良い」法秩序起源論を構想する。それが『社会契約論』(一七六二年)である。その第一章は「人は自由に生まれた。しかし至る所で桎梏《しっこく》のうちにある」「この変化はいかにして生じたか。私は知らない。いかにしてそれは正統(légitime)なものとなるか。この問いについてなら、私は解答を与えうると思う」という言葉で始まっている。その解答がすなわち社会契約である。「桎梏のうち」にありながら、なおそれが「正統」であるとされていることに注意すべきである。この国家は支配と強制の秩序なのである。

ケルゼン流に再構成するならば、ルソーの論旨は次のように展開する。

①まず無規範・無規律の「自然の自由」がある。

②しかし本能のみでは生きていけない人間の生存には規律が必要であり、「自然の自由」は「自律の自由」に転換する。毎日歯を磨かないとやがて歯痛に襲われ、さらには歯抜けになって、生存困難になるから、「毎日歯を磨く」という自律のルールを作る、というようなものである。

③しかし自律的個人のみでは各人のルールが食い違って社会は成立しない。そこで共通の規範をもつ社会・国家を成立させる必要があるが、それは各人の有する「自然

の自由」「自律の自由」の制限・喪失を意味するから、「自由はその持ち主の同意なしには奪われない」という個人主義の原理によれば、全員一致の決議が必要である。社会契約説でいう「結合契約」である。

④結合契約の下でさまざまな個別的規範が創造されるが、そこでもなお自由・自律の理念が保持されたと思いたい人々は、「個人的自律」を「集団的自律」に代置しようとする。「人々の意志の合致で規範を創造する」のである。それ以後に制定される規範は、その拘束力が「結合契約」の合意に含まれているから、全員一致である必要はない。ここに他律規範が登場する。

⑤「集団的自律」の体制の下では、個人の自由という要請は、他律の全面的否定から後退して、「他律の最低限」という要請に転化する。そこでの規範制定は、多数決によるほかない。多数決以外だと、過半数の成員が自分の意志に反する規範の支配をうけることになる。

⑥ということは、多数決原理の下では、自分の意志に反する規範に拘束される少数者が存在するということである。そこでもなお集団的自律は個人的自律以上の価値をもつ「高次の自由」だと主張して、多数決に敗れた少数者も「高次の自由」の享受

者だとする議論がある。「ジェノアの監獄の鉄鎖に Libertas(自由)と刻印されているが、これは正しい」(集団的自律の規範である刑法の適用を受けることは「高次の自由」なのだ)というルソーの主張はこれに当たる(『社会契約論』第四編二章)。

2 ルソーとケルゼン

このあたりからルソーとケルゼンの間にいろいろと違いが出てくる。

①まずルソーの「一般意志」(volonté générale)である。「集団的自律」とは、「集団としての民衆」が定める規範(民衆の意志)によって「個人としての民衆」が支配されることを意味する。ところでこの民衆の意志(一般意志)の形成手続の叙述がルソーにおいて曖昧なところから、「ルソーと独裁」という問題が生ずる。かつて冗談では「フランス人の一般意志(volonté générale)とは、volonté de Général De Gaulle(ドゥゴール将軍の意志)のことだ」と言われた。こうしてスターリンやヒトラーが「一般意志の体現者」とされることにもなる。ケルゼンが多数決手続にあくまで拘泥するのは、このような独裁者による民主主義イデオロギー簒奪の危険のゆえであろう。

②ルソーは「英国民は自分が自由だと信じているが、それは議員選挙中だけのことで、翌日からは奴隷である」と言っている（『社会契約論』第三編十五章）。これはケルゼンから見ても正しい。「代表者の意志は本人の意志だ」というのはあくまで擬制で、昨日投票し、当選させた議員の支配とて他者の支配である。しかし、確かに議会制は民主主義の「本質」である「集団的自律」を目減りさせるが、ケルゼンによれば、現実的価値という見地からは、議会制・複数政党制は、雑多な世論を幾つかに集約し、討論・妥協・決定を可能にすることで、「本質」の目減りを補う価値をもつ。
③そして議会制は少数者保護という重要な役割をもつ。反対者の意見を尊重する議院規則の下で、多数者も抵抗を和らげるために妥協を余儀なくされ、少数意見もまた成案の中に取り入れられる。国民内の少数意見が議会に反映されるためには、比例代表制が望ましい。小選挙区制だと多くの投票が無視される。人権への法的規制に特別多数決を要求する憲法制度も、何より少数意見尊重のためのものである。
④ルソーもケルゼンもあまり触れないが、「次の選挙」の「多数の横暴」を抑制する機能も重要である。したがって選挙が比較的頻繁に反復されることも民主主義の基本条件である。ケルゼンは、君主制と大統領制の共通性を強調するが（本書一〇五―一〇

六頁)、この点では大きく異なる。

3　二人のケルゼン?

各論的主題に移ってきたが、実はなお論ずべき根本問題がある。「人は自由に生まれた」とルソーは言うが本当か? 事実として赤ん坊は無力で、親のなすがままである。法的には奴隷の子は奴隷として生まれる。現代日本の赤ん坊は日本人として生まれ、日本の実定法の支配を受ける。自由に生まれてはいない。しかしルソーは、事実問題や実定法の問題を論じているのではなく、「同意なければ拘束なし」という近代自然法の規範を前提としているのである。

第一次大戦の過程で、神聖ローマ帝国の後継者であったオーストリア＝ハンガリー帝国は消滅し、ハプスブルク家の立憲君主制も革命によって廃止された。すっかり小国になったオーストリアは民主的共和国として出発することになったが、この時期ケルゼンはウィーン大学の公法正教授に昇任し、またカール・レナー首相から新憲法、民主主義憲法の起草を委嘱された。一九一九年十一月五日、このケルゼンがウィーンの法律家協会で「民主主義の本質と価値」という題の講演を行なった。（本書の初版である）この講演は「人は自由に生まれた」というルソーの社会契約論を基礎とし、「人が自由を求めて社会に叛逆せしめるものは自然(Natur)そのものである」という、近代自然法論のテーゼを拠点として展開される。ケルゼンは新生オーストリアの新秩序を、このルソー的な思想的拠点の上に築こうとしたのである。そして本訳書の結末は、ナチによるワイマール体制の覆滅を眼前にした一九三二年の、「自由の理念は破壊不可能なものであり、それは深く沈めば沈むほど、やがていっそうの強い情熱をもって再生するであろう」という悲壮な言葉をもって閉じられている(一七二頁)。その背後にあるのは「自然の復元力」という自然法思想の発想であり、東洋人には「人衆者勝天、天定亦能破人」(人衆《おお》ければ天に勝ち、天定まらば亦た能《よ》く人を破る)という中国古典の言葉を想起させるであろう。ここで「天」とは自然の道理であり、独墺の大衆が自由放棄の衝動に駆られてファシズムに追随しても、やがては「天が定まって」自由の秩序が復権するであろうという期待である。

当然読者の多くは、「何という奇妙なことを。ケルゼンは自他ともに認める反自然法論者ではないか」と呟かれるであろう。それに対し、主知主義者・法実証主義者のケルゼンと、自由と民主主義の使徒ケルゼンという「二人のケルゼン」がいるのだ、という説もある。しかし筆者(長尾)の見るところでは、「人心の深層に発する願望に適合する秩序は永続性をもち、そうでない秩序はやがて崩壊する」という仮説は、形而上学的自然法論の否定者でも抱き得るものである。ましてそれが人間一般でなく、自由の伝統をもつ近代西洋人について述べたものであれば、自由の復元力に関するケルゼンの仮説は当時として可能でもあり、またやがては実証されたとも言い得る。彼は戦後「私は民主主義が実現する自由のために無条件に闘い、そのために命を棄てることができる」(「現代民主制論批判」『著作集I』一五七頁)と、自然法論者のように語っている。

この「二人のケルゼン」を結びつけるものは、注(40)に説かれた、形而上学的世界観と専制支配、経験論哲学と民主主義の親縁性という思想史的仮説であろう。「もっぱら地上的真理に依拠する」ケルゼンは(本書一三〇頁)、哲学において経験論者となり、政治思想において自由と民主主義の使徒となったのである。

4　リアリスト・ケルゼン

ケルゼンの民主主義論は、終始「イデオロギーと現実」という二つのアプローチを併用しながら進行する。そして「現実」に接近するケルゼンはリアリストである。「言葉の厳格な意味に解するならば、かつて真の民主制が存在したことはなかったし、今後も決して存在しないだろう」というルソーの言葉（『社会契約論』第三編四章）は正しいのであり（本書四〇、一〇二頁）、「民衆の支配」と言いながら、投票権者、さらにその権利の実際の行使者は国民のほんの一部に過ぎない（三二―三三頁）。代表者の意志を国民の意志とするのは、「露骨な擬制」である（四九頁）。民主主義の理念は統治者の不存在を志向するのに、現実の民主主義において民衆は統治者を選択するに過ぎない（一〇三頁）。

しかしケルゼンは、この民主主義の現実が自由の理念にとって積極的な意味をも持ち得る側面を見逃さない。議会制は代表者による民意の簒奪でもあるが、自由と分業原理の必然的妥協であり（五〇頁）、社会の中の混沌たる多様な政治的意志を集約し、多数者と少数者との間の妥協による秩序形成、社会的統合（七六頁）を可能にする。行政の民主化は、一見民主主義の徹底のように見えて、法律に集約された民意を下位規範の段階で混乱させる「近視眼的デマゴギー」である（九七頁）。

ケルゼンの現実認識において、意外なほど重要な手段となっているのはフロイトの精神分析である。彼は個人的にもフロイトと親しく、戦時中彼のゼミに参加していた。理論上も、反民主主義体制の心理分析などにフロイトの着想を用いている。

権威主義体制は、権力意志や被支配に反抗する情念を意識下の領域に押し込めようとする。それに対し、民主主義体制は逆に無意識の領域に潜む情念を意識の領域に引き上げ、公然たる論争に持ち込む。外見上前者は平和で、後者は混乱に満ちているように見えるが、前者はあるとき不条理に暴発する。後者は闘争的情念が常にはけ口を見出しており、暴発することがない(本書八五―八六頁)。

権威主義体制における権威は理屈抜きの服従を強いる「父」である。抑圧された情念は、忘我的祭典において、「父」(祖先神の象徴としてのトーテム聖獣)の仮面を着けて、あらゆる日常の規範を破棄し、狼藉を極める(本書一〇九―一一〇頁)。現代におけるその顕れは群衆である。群衆には指導者がおり、それが各人の心の中にある「父」のイメージ、超自我が投射される焦点となる。群衆の中にあるとき、各人の心は全能の父に支配された幼時の心に戻り、その操作のままに行動する。「父の死」は緊密な集団を一挙にアナキーにすることがある。フロイトは、この指導者を、現実の人間に代えて、観念や抽象物によって置き換える可能性に言及している。ケルゼンはここに注目し、国家もまた超自我の投射の焦点(虚焦点)ではないか、と言う(「国家概念と精神分析」(一九二七年)、長尾「忘我と政治」『思想史斜断』木鐸社、一九八一年参照)。

息子の父に対する感情は、愛・同一化衝動と憎悪との二義性をもち、それは、権威への服従衝動とそれへの反撥の二面性に連なる。また父親像としての神への服従衝動は、自らの神に他者を服従させようとする支配衝動の反面でもある。自らを卑下することのはなはだしく、我が宗教的献身が狂信的であればあるだけ、その神の名において他者を支配しようとする衝動も限りないものとなる(「神と国家」『著作集Ⅵ』一五一頁)。

権威主義体制が父権的共同体であるならば、民主主義体制は「父なき社会」である。母の下に兄弟が平等に共存する母権性社会は民主制の原型であり、「自由」「平等」「兄弟性」(fraternité)というフランス革命の標語は、この母性原理を具現している(「政治体制と世界観」『著作集Ⅰ』一二七頁)。

フロイトは人間の心の中に、不条理な衝動である「イド」と、それを抑圧する、内在化した父の権威である「超自我」の二つの力のほかに、自己の内面衝動とそれを取り巻く外界の現実とを冷静に認識し、それを両立・調和させようとする「自我」という第三の作用の存在を認め、それに人類界の現実的平和の担い手として期待した。もっとも、第一次世界大戦の現実を直視し、ファシズムの迫る予感をもった彼は、その可能性に対して悲観的であった。ケルゼンも、民主主義の心性は、客観的認識を志向する精神だと述べながら、狂信の支配する時代には、このような心性は政治的には弱い、と述べている(「政治体制と世界観」一三〇頁)。しかし彼はなおワイマール体制瓦解の最終段階において、「自由の復元力」への期待を表明したのである(なお「フロイトとケルゼン」という主題については、上山安敏『フロイトとユング』(岩波現代文庫、二〇一四年)第五章「国家の幻想――ケルゼンの国家論とフロイトの精神分析」参照)。

5　一九一九年と一九二九年

『民主主義の本質と価値』の初版は、一九一九年十一月の講演を基礎として、一九二〇年に公刊されたものである。当時はロシアで共産主義革命が進行中であり、独墺・中欧でも革命運動の胎動が続いていた。レーニンの『国家と革命』(一九一七年)を読むならば、多くの人々が、「ロシアで無政府主義に境を接するような過激な直接民主制の実験が始まった」という印象をもったのは無理もないところである。ケルゼンなど西側民主主義者たちは、「まさかこんなことが現実に可能とは思えない」と危惧の念を抱きながらも、なおある種の期待をもって観察していた。彼らの多くは、それがこれほど短期間に徹底的な反民主主義体制に転化するとは信じられず、事実の進行に遅れながら、すこしずつ認識を修正していった。一九二九年刊の『民主主義の本質と価値』も(一九二〇年の初版ほどではないにせよ)ソ連に好意的過ぎるという批判もないではない。スターリニズムになってなおこれを民主主義と信ずる者も少なくなかったが、ケルゼンはそこまで愚者ではなかったということであろう。

『民主主義の本質と価値』の第二版は、初版を大幅に拡張して、一九二九年に刊行された。この年の十月に起こったウォール街暴落直前のこの時期の(シュトレーゼマンの名で象徴される)独墺世界は、敗戦と超インフレの衝撃がやや鎮静し、政治体制も経済体制も落ち着きを見せた時期であった。ほどなくワイマール体制の思想的墓掘人となったカール・シュミットも、一九二八年に刊行された『憲法論』では、なおワイマール体制を「政治的部分」と「法治国的部分」とに分説し、両者を補完関係として描き出している。ケルゼンの『民主主義の本質と価値』(第二版)も、一応安定した議会制度を基礎として、その理念と現実を分析し、議会制を批判する職能代表論などを、何よりも非現実的提案として批判している。一九二九年秋に始まる体制の瓦解は、基本的に『民主主義の本質と価値』の視野の外にある。これを先見の明の欠如として非難するのは、後世人の特権の濫用であろう。同書が本格的危機の直前に書かれたことは、「危機の戦間期独墺史」というような関心から見ると物足りないが、安定した時代における議会制を思想と制度の両面から考察する者にとっては、かえって参考になるであろう。一九三二年、もはやワイマール体制が危篤状態になった時期の彼の認識は、本書に収録した小論「民主主義の擁護」に窺われる。そこで彼は反民主主義の旗を振っている知識人たちに対し、「自分の坐っている枝を鋸《のこぎり》で切っているようなものだ」と揶揄し(本書一七〇頁)、ワイマール体制の末期的症状の中で、自由の復元力への期待を表明している(一七一頁)。彼の民主主義論の拠点となったルソーも、異常事態の後の「自然の秩序」(l'ordre de la nature)への回帰について述べている(『社会契約論』第三編八章)。

6 ピラト

『民主主義の本質と価値』の最終章は、イエスの裁判の場面で閉じられ、最も印象的でもあるが、最も議論の対象となった箇所でもある。ユダヤ教徒とイエスは、メシアが到来することについては認識を共有しているが、それが誰か、いつ到来するかについて対立している。これを裁く立場に立ったピラトは、メシアの到来など全く信ぜず、自らを「ユダヤ人《びと》の王」だと称するイエスをまず「愚者だが、構成要件に該当する犯罪を犯していないようだから釈放しよう」と考える。しかし再考し、「ローマの施政官たる者は、直接ローマの利害に関わらない事項に関しては、現地の主流派の判断を尊重することが得策だ」と判断したのか、決定をサンヘドリン（ユダヤ議会）の判断に委ねる。

『ケルゼン伝』の著者ルドルフ・メタルは、彼が宗教的に indifferent であったと強調している。indifferent の訳は難しい。「無関心」などと訳されるが、思想史家としての彼は、霊魂信仰や神学的思考様式について、またプラトンやダンテのような宗教的人間について、多くの論考を遺している。いい日本語にはならないが「非コミット的」と訳すか。彼は既成宗教には indifferent であったが、自由という倫理的・政治的価値には強くコミットしていた。

7　生涯概略

ケルゼンとはルクセンブルクに国境を接するドイツの村の名である。この村にはかつてローマ国境警備軍が駐留し、それにユダヤ商人が随伴した。ケルゼンもその子孫ではないかという。「黒死病《ペスト》の流行はユダヤ人の呪術のせいだ」などと迫害され、彼らは東方に逃れた。史料上辿ることのできる彼の祖先はブロディの住民である。この町は、オーストリア帝国の東北端ガリツィアの、一時は市民の過半数がユダヤ人だったという小都市で、現在はウクライナに属する。父アドルフは十四歳の時ここからウィーンに出て、照明器具職人の修業をした。やがてプラハで独立し、同地のアウグステ・ロェヴィと結婚する。長男ハンスは一八八一年、そこで生まれるが、一家は八四年にウィーンに移る。一時事業は繁栄したが、やがて苦境に陥り、一九〇七年、心臓病による父の死の後、弟エルンストの奮闘にもかかわらず、破産となる。

若くして研究者を志したケルゼンは、その履歴への障碍を考慮して、一九〇五年ユダヤ教からカトリックに改宗した。改宗は人種的差別には効果がないが、まだ学界には宗教的差別も残存していた。彼は研究者としては、認識と実践の競合領域である法学において、純粋に理論的な体系を構築することを志した。経済的困難の中で、いろいろなアルバイトをしながら、ユダヤ人の弟子を抱え込むことに消極的な師ベルナチックの下で苦闘する。一九一一年、教授資格取得論文『国法学の主要問題』を公刊。ウィーン大学私講師として講壇に立ちつつ、現在のウィーン経済大学の前身の研究機関の講師となる。そこには有力者のアドルフ・ドルッカーがいて、その主宰するサロンの一員となり、彼の妻の妹マルガレーテと結婚。フリー・メーソンに誘い込まれ、(恐らくカトリック信仰と両立しないため)改めてルター派の洗礼を受ける。しかしどうもドルッカーとの関係がだんだん有難迷惑と感じられたらしく、疎隔していく。息子のペーター(有名な経営学者ピーター・ドラッカー)がケルゼンの思想に批判的だったこともある。

一九一四年、世界大戦が始まると兵役に服し、さまざまな部署に配属された。ある日突然、陸軍大臣から身に覚えのない嫌疑を受け、査問を受けた。しかしそれで誤解が解けて、逆に気に入られ、大臣の隣に座席を与えられて、法律顧問となる(この経緯は『ハンス・ケルゼン自伝』慈学社、二〇〇七年、二六—二八頁)。こうして、敗戦、帝国の解体という激動を権力中枢に近いところで経験することになった。戦争末期に、大臣から陸軍省の要職に就かないかと誘われ、ベルナチック教授に相談すると、ウィーン大学の員外教授に推薦された。一九年にはベルナチックが心臓病で急死したため、後任の正教授となる。カール・レナー首相に、敗戦後の共和国憲法起草を委嘱され、憲法裁判所制度を導入した彼の案が成立を見る。ほどなく自らもその判事の一人に任命された。学問上は、法学理論のほかに、『主権の問題と国際法の理論』(一九二〇年)、『民主主義の本質と価値』(一九二〇年)、『社会主義と国家』(一九二三年)、『自然法論と法実証主義の哲学的基礎』(一九二八年)など諸領域にわたる業績を発表し、「ウィーン学派」の指導者として名声を博した。

しかし戦間期の歴史の暗転は彼の運命の暗転でもあった。終戦直後には左派主導であった政界は、徐々に右派主導に転化し、「社会民主党穏健派シンパ」というような位置にあったケルゼンにも風当りが強くなった。終身職であった憲法裁判所判事には初期に任命された左派系が多く、右派の攻撃対象となってきた。きっかけとなったのはある離婚事件で、判決は普通裁判所と行政裁判所の権限という形式的論点に関するものであったが、結論が離婚・再婚側の当事者を勝たせるものであったことから、カトリック勢力を中心に裁判所批判、特にケルゼン批判が盛り上がった。結局憲法を改正し、憲法裁判所を再編成することになり、ケルゼンを含めた現職者が罷免された。ケルゼンはケルン大学の招聘を受けてオーストリアを去った。ケルンではアデナウアー市長がケルゼンを歓迎し、快適な職場であったが、三三年一月、ナチ政権の成立とともに罷免された(この経緯は長尾『リヴァイアサン』講談社学術文庫、一九九四年、九九―一〇〇頁)。

にわかに職を失った学者たちを保護し、職を与えることに使命感を見出していた学者・外交官ラッパードは、ジュネーヴの高等国際研究所にケルゼンを教授として招き、それから五年間は安住の地を与えられた。他方チェコの友人たちは、今やオーストリア国籍もドイツ国籍も失ったケルゼンをプラハのドイツ大学に招き、生誕の地であるチェコスロヴァキアの国籍を賦与しようとした。一九三六年秋、プラハで国際法講義を開講しようとしたケルゼンは、ナチ学生の集団に襲撃され、暗殺の脅迫も受けて、講義も散歩も護衛付きで行なわれた。

一九三九年九月にポーランドに侵攻したナチ・ドイツは、四〇年五月にはフランスを攻撃した。ナチ・ドイツによるフランス占領は、スイスが四方を枢軸国に包囲されることを意味する。ヒトラーがスイスの中立を尊重することは、彼のこれまでの行動から見ても、当てにならない。亡命を決意したケルゼン一家は、四〇年五月二十八日、ジュネーヴを出発し、ロカルノからリスボンに飛び、リスボンから客船でニューヨークに向かった。職の当てもないままにである。

渡米後のケルゼンについてもドラマはある。四〇年から二年間、米国法哲学の泰斗ロスコー・パウンドの好意で、ハーヴァード大学で「オリヴァー・ウェンデル・ホームズ講義第一回」という名誉ある講義を担当した。聴講者の一人に留学中の鵜飼信成がいた。ところが日米関係が悪化したため、途中で帰国命令が出て、ケルゼンから手書きの講義案を贈与されて帰国した(それは現在東京大学総合図書館に収蔵されている)。ケルゼンはハーヴァード大学教授への就任を期待していたと思われるが、ジェームズ・コナント学長から、「余計な期待をもたないように」と言い渡された。(噂によると)落胆してとぼとぼと構内を歩いていると、ある背の高いお嬢さんが肩を叩き(彼の身長は一六五センチである)、「私は先生の講義を聴講していた者ですが、どうなさったんですか」と訊いた。事情を話すと、「ちょっと父に話してみましょう」と言った。その女性の父親がカリフォルニア大学の職の話をもってきた、という。しかし彼がバークリーの正教授になったのは三年後の四五年で、それ以前は「講師」(lecturer)であった。バークリーの関係者たちは、この老人が偉大な学者だとは知らなかった。ところが戦争が終末に近づくと、隣のサンフランシスコで国際連合の準備作業が進行し、著名な国際法学者や外交官たちが「ケルゼンがバークリーにいる」と知って、挨拶に訪れはじめた。（これも噂だが）関係者たちはそこで「あの爺さんはそんな偉い人だったのだ」と気付いて、慌てて正教授にした、とか。この二つの話は、いずれも私（長尾）が間接に聞いた話だから信憑性には問題があるが、ありそうな話だと思う。

ケルゼンは第一次大戦の法的戦後処理にあたり、また一九三七年には、国際連盟規約の来たるべき改正に備えて、立法技術の見地からの詳細な注釈書（仏語）を公刊した。立法技術に自信をもっていた彼は隣町で行なわれている国連憲章の起草作業に、参考意見を求められることを期待していたのではないか。ところが個々の関係者から私的相談は受けたが、ハル国務長官の腹心レオ・パスヴォルスキーが、法技術の助言などは重要でないとして、ケルゼンに関与させることを拒否した。出来上がりを見ると立法技術が拙劣極まるということで、あの一〇〇〇頁近い『国際連合の法』（一九五〇年）を書き、徹底的に立法技術を批判したのだ、と言われている。

一九五二年にはバークリーも定年に達し、オーストリアからもドイツからもアメリカからもほとんど年金はなく、経済的にずいぶん苦労した。私が一九八八年バークリーのお宅に次女のマリア・フェーダーさんを訪ねたときも、小さな家で、本がほとんどなかった。「父はもっぱら図書館の本で仕事をした」ということだった。

＊

ケルゼンは、すでに「忘れられた思想家」だと思っている人たちも少なくないが、なお世界には彼に関心を持つ研究者のかなり厚い層があり、ファンの層もある。まず憲法起草者として、オーストリア政府が超党派で顕彰に努めており、国家機関としての「ハンス・ケルゼン研究所」がすでに四十年にわたって活動を続けている。生誕一二五年の二〇〇六年を期して三十四巻の「全集」の企画が発足し、一世紀近く前に『国法学の主要問題』を刊行したモール社から、すでに六巻が刊行されている。イェシュテット教授の精力的編集によって、詳細な註・考証を付した大部なもので、いつ完結するか分からない。これに刺激されたこともあるが、長く彼を無視してきた英語圏の学界が改めてケルゼン論に目を向け、二〇一三年には『民主主義の本質と価値』(第二版)の英訳が刊行され、二〇一四年夏にシカゴで「米国におけるケルゼン」というシンポジウムも開催された。これらの企画には世界各国の多様な新世代の研究者も参加している。

本書に訳出された『民主主義の本質と価値』(第二版)は、戦前の一九三二年に西島芳二氏訳『民主政治と独裁政治』として岩波書店から刊行され、戦後多少改版されて『デモクラシーの本質と価値』の題で岩波文庫から再版された。これは版を重ね、多くの読者を得た。言葉が古くなったことなどの理由で新訳への要望があり、それに応えた形で本書が企画された。まず長尾が訳し、植田が原著を詳細に検討して、共同で最終稿をまとめた経緯はケルゼンの『純粋法学 第二版』(岩波書店、二〇一四年)と同様である。訳出に際しては、シャルル・アイゼンマンの仏訳とブライアン・グラフの英訳を参照した。

本書の成立にあたっては、岩波書店の太田順子氏にお世話になったほか、同社の伊藤耕太郎氏にもご助言をいただいた。深く感謝したい。

二〇一四年十一月二十日

長尾龍一
植田俊太郎

メルクル(Merkl, Adolf 1890–1970)　143, 150
メンツェル(Menzel, Adolf 1857–1938)　152
モンテスキュー(Montesquieu, Charles Louis de Secondat, Baron de la Brède et de 1689–1755)　104, 150
ユング(Jung, Carl Gustav 1875–1961)　184
ライプニッツ(Leibniz, Gottfried Wilhelm 1646–1716)　152
ラッパード(Rappard, William Emmanuel 1883–1958)　191
ルソー(Rousseau, Jean-Jacques 1712–1778)　19, 20, 26, 40, 102, 108, 126, 134, 136, 171, 173, 174, 176–179, 181, 186
レナー(Renner, Karl 1870–1950)　178, 190
レーニン(Lenin, Vladimir Il'ich 1870–1924)　143, 184
ロェヴィ(母の旧姓)(Löwy, Auguste)→ケルゼン(母)

ドゥゴール(De Gaulle, Charles 1890–1970)　176
ドゥラノイ(Delannoy, René Marco 1900–1961)　148
ドラッカー(Drucker, Peter 1909–2005)　189
トリーペル(Triepel, Heinrich 1868–1946)　135–142
ドルッカー(Drucker, Adolf 1876–1967)　189
西島芳二(1907–1987)　195
ニーチェ(Nietzsche, Friedrich Wilhelm 1844–1900)　31, 156
バウアー(Bauer, Otto 1881–1938)　150
パウンド(Pound, Roscoe 1870–1964)　192
パスヴォルスキー(Pasvolsky, Leo 1893–1953)　193
ハスバッハ(Hasbach, Wilhelm 1849–1920)　133, 148, 150
ハル(Hull, Cordell 1871–1955)　193
バルテルミ(Barthélemy, Joseph 1874–1945)　9
パレート(Pareto, Vilfredo 1848–1923)　147, 148
ヒトラー(Hitler, Adolf 1889–1945)　176, 191
ピラト(Pilatus, Pontius)　131, 186, 187
ピラートゥス→ピラト
フィヒテ(Fichte, Johann Gottlieb 1762–1814)　134
フェーダー(次女)(Feder, Maria)　194
プラトン(Platon 前427–347)　102, 152, 165, 187
フロイト(Freud, Sigmund 1856–1939)　181–184
ヘラクレイトス(Herakleitos 前540頃–480頃)　152
ベルナチック(Bernatzik, Edmund 1854–1919)　189, 190
ホームズ(Holmes, Oliver Wendell 1841–1935)　192
ホルネッファー(Horneffer, Reinhold 1902–1945)　151
マキャヴェリ(Machiavelli, Niccolò 1469–1527)　148
マルクス(Marx, Karl 1818–1883)　87–89, 119–121, 123, 143, 150, 162
ミッヒェルス(Michels, Robert 1876–1936)　142, 143, 147, 148
ミルキーヌ＝ゲツェヴィッチ(Mirkine-Guetzévitch, Boris 1892–1955)　9, 135
メタル(Métall, Rudolf Aladár 1903–1975)　187

人名索引

アイゼンマン(Eisenmann, Charles 1903–1980) 195
アデナウアー(Adenauer, Konrad 1876–1967) 191
アドラー(Adler, Max 1873–1937) 150
アリストテレス(Aristoteles 前 384–322) 152
イェシュテット(Jestaedt, Matthias 1961–) 194
イプセン(Ibsen, Henrik 1828–1906) 127
ヴェーバー(Weber, Max 1864–1920) 110
上山安敏(1925–) 184
鵜飼信成(1906–1987) 192
エンゲルス(Engels, Friedrich 1820–1895) 121, 123, 162
カント(Kant, Immanuel 1724–1804) 134, 152, 153
キケロ(Cicero, Marcus Tullius 前 106–43) 16
グラフ(Graf, Brian) 195
ケルゼン(父)(Kelsen, Adolf 1850–1907) 188
ケルゼン(母)(Kelsen, Auguste 1859–1950) 188
ケルゼン(弟)(Kelsen, Ernst 1883–1937) 188
ケルゼン(妻)(Kelsen, Margarete 1890–1973) 189
コイゲン(Koigen, David 1879–1933) 133, 135
コナント(Conant, James Bryant 1893–1978) 192
シュテッフェン(Steffen, Gustaf Fredrik 1864–1929) 133, 148, 151
シュトレーゼマン(Stresemann, Gustav 1878–1929) 185
シュミット(Schmitt, Carl 1888–1985) 185
スターリン(Stalin, Iosif Vissarionovich 1879–1953) 176
スピノザ(Spinoza, Baruch de 1632–1677) 152
ソクラテス(Sokrates 前 470–399) 102
ダンテ(Dante Alighieri 1265–1321) 152, 187

民主主義《みんしゅしゅぎ》の本質《ほんしつ》と価値《かち》 他一篇
ハンス・ケルゼン著

2015年 1 月 16 日 第 1 刷発行
2024年 10 月 15 日 第 9 刷発行

訳 者 長尾龍一《ながおりゅういち》 植田俊太郎《うえだしゅんたろう》

発行者 坂本政謙

発行所 株式会社 岩波書店
〒101-8002 東京都千代田区一ツ橋 2-5-5

案内 03-5210-4000 営業部 03-5210-4111
文庫編集部 03-5210-4051
https://www.iwanami.co.jp/

印刷・理想社 カバー・精興社 製本・中永製本

ISBN 978-4-00-390001-7 Printed in Japan

読書子に寄す

——岩波文庫発刊に際して——

岩波茂雄

真理は万人によって求められることを自ら欲し、芸術は万人によって愛されることを自ら望む。かつては民を愚昧ならしめるために学芸が最も狭き堂宇に閉鎖されたことがあった。今や知識と美とを特権階級の独占より奪い返すことはつねに進取的なる民衆の切実なる要求である。岩波文庫はこの要求に応じそれに励まされて生まれた。それは生命ある不朽の書を少数者の書斎と研究室とより解放して街頭にくまなく立たしめ民衆に伍せしめるであろう。近時大量生産予約出版の流行を見る。その広告宣伝の狂態はしばらくおくも、後代にのこすと誇称する全集がその編集に万全の用意をなしたるか。千古の典籍の翻訳企図に敬虔の態度を欠かざりしか。さらに分売を許さず読者を繋縛して数十冊を強うるがごとき、はたしてその揚言する学芸解放のゆえんなりや。吾人は天下の名士の声に和してこれを推挙するに躊躇するものである。このときにあたって、岩波書店は自己の責務のいよいよ重大なるを思い、従来の方針の徹底を期するため、すでに十数年以前より志して来た計画を慎重審議この際断然実行することにした。吾人は範をかのレクラム文庫にとり、古今東西にわたって文芸・哲学・社会科学・自然科学等種類のいかんを問わず、いやしくも万人の必読すべき真に古典的価値ある書をきわめて簡易なる形式において逐次刊行し、あらゆる人間に須要なる生活向上の資料、生活批判の原理を提供せんと欲する。この文庫は予約出版の方法を排したるがゆえに、読者は自己の欲する時に自己の欲する書物を各個に自由に選択することができる。携帯に便にして価格の低きを最主とするがゆえに、外観を顧みざるも内容に至っては厳選最も力を尽くし、従来の岩波出版物の特色をますます発揮せしめようとする。この計画たるや世間の一時の投機的なるものと異なり、永遠の事業として吾人は微力を傾倒し、あらゆる犠牲を忍んで今後永久に継続発展せしめ、もって文庫の使命を遺憾なく果たさしめることを期する。芸術を愛し知識を求むる士の自ら進んでこの挙に参加し、希望と忠言とを寄せられることは吾人の熱望するところである。その性質上経済的には最も困難多きこの事業にあえて当たらんとする吾人の志を諒として、その達成のため世の読書子とのうるわしき共同を期待する。

昭和二年七月

《法律・政治》〔白〕

人権宣言集　高木八尺・末延三次・宮沢俊義 編
新版 世界憲法集 第二版　高橋和之 編
君主論　マキァヴェッリ／河島英昭 訳
フィレンツェ史 全二冊　マキァヴェッリ／齊藤寛海 訳
リヴァイアサン 全四冊　ホッブズ／水田洋 訳
法の精神 全三冊　モンテスキュー／野田良之・稲本洋之助・上原行雄・田中治男・三辺博之・横田地弘 訳
教育に関する考察　ロック／服部知文 訳
完訳 統治二論　ジョン・ロック／加藤節 訳
寛容についての手紙　ジョン・ロック／加藤節・李静和 訳
キリスト教の合理性　ジョン・ロック／加藤節 訳
ルソー 社会契約論　桑原武夫・前川貞次郎 訳
アメリカのデモクラシー 全四冊　トクヴィル／松本礼二 訳
リンカーン演説集　高木八尺・斎藤光 訳
権利のための闘争　イェーリング／村上淳一 訳
近代人の自由と古代人の自由・征服の精神と簒奪 他一篇　コンスタン／堤林剣・堤林恵 訳
民主主義の本質と価値 他一篇　ハンス・ケルゼン／長尾龍一・植田俊太郎 訳
外交談判法　カリエール／坂野正高 訳
危機の二十年 —理想と現実　E・H・カー／原彬久 訳
ザ・フェデラリスト　A・ハミルトン　J・ジェイ　J・マディソン／斎藤眞・中野勝郎 訳
アメリカの黒人演説集 —キング・マルコムX・モリスン 他　荒このみ 編訳
モーゲンソー 国際政治 —権力と平和 全三冊　原彬久 監訳
ポリアーキー　ロバート・A・ダール／高畠通敏・前田脩 訳
現代議会主義の精神史的状況 他一篇　カール・シュミット／樋口陽一 訳
政治的なものの概念　カール・シュミット／権左武志 訳
第二次世界大戦外交史 全二冊　芦田均
憲法講話　美濃部達吉
日本国憲法　長谷部恭男 解説
民主体制の崩壊 —危機・崩壊・再均衡　ファン・リンス／横田正顕 訳
憲法　鵜飼信成

《経済・社会》〔白〕

政治算術　ペティ／大内兵衛・松川七郎 訳
国富論 全四冊　アダム・スミス／水田洋 監訳／杉山忠平 訳
法学講義　アダム・スミス／水田洋 訳
コモン・センス 他三篇　トーマス・ペイン／小松春雄 訳
経済学における諸定義　マルサス／玉野井芳郎 訳
オウエン自叙伝　ロバアト・オウエン／五島茂 訳
戦争論 全三冊　クラウゼヴィッツ／篠田英雄 訳
自由論　J・S・ミル／塩尻公明・木村健康 訳
大学教育について　J・S・ミル／竹内一誠 訳
功利主義　J・S・ミル／関口正司 訳
イギリス国制論 全二冊　バジョット／遠山隆淑 訳
ユダヤ人問題によせて ヘーゲル法哲学批判序説　マルクス／城塚登 訳
経済学・哲学草稿　マルクス／城塚登・田中吉六 訳
新編輯版 ドイツ・イデオロギー　マルクス　エンゲルス／廣松渉 編訳／小林昌人 補訳
マルクス エンゲルス 共産党宣言　大内兵衛・向坂逸郎 訳
賃労働と資本　マルクス／長谷部文雄 訳
賃銀・価格および利潤　マルクス／長谷部文雄 訳
マルクス 経済学批判　武田隆夫・遠藤湘吉・大内力・加藤俊彦 訳
マルクス 資本論 全九冊　エンゲルス 編／向坂逸郎 訳
トロツキー わが生涯 全二冊　森田成也・志田昇 訳

- 空想より科学へ —社会主義の発展— エンゲルス 大内兵衛訳
- 帝国主義論 全二冊 ホブスン 矢内原忠雄訳
- 帝国主義 レーニン 宇高基輔訳
- 国家と革命 レーニン 宇高基輔訳
- ローザ・ルクセンブルク 獄中からの手紙 秋元寿恵夫訳
- 雇用、利子および貨幣の一般理論 全二冊 ケインズ 間宮陽介訳
- シュムペーター 経済発展の理論 全二冊 塩野谷祐一 中山伊知郎 東畑精一訳
- シュムペーター 経済学史 —学説ならびに方法の諸段階— 中山伊知郎 東畑精一訳
- 租税国家の危機 シュムペーター 木村元一 小谷義次訳
- 日本資本主義分析 山田盛太郎
- 恐慌論 宇野弘蔵
- 経済原論 宇野弘蔵
- 資本主義と市民社会 他十四篇 大塚久雄 齋藤英里編
- 共同体の基礎理論 他六篇 大塚久雄 小野塚知二編
- ユートピアだより ウィリアム・モリス 川端康雄訳
- 社会科学と社会政策にかかわる認識の「客観性」 マックス・ヴェーバー 富永祐治 立野保男訳 折原浩補訳
- プロテスタンティズムの倫理と資本主義の精神 マックス・ヴェーバー 大塚久雄訳

- 職業としての学問 マックス・ウェーバー 尾高邦雄訳
- 社会学の根本概念 マックス・ヴェーバー 清水幾太郎訳
- 職業としての政治 マックス・ヴェーバー 脇圭平訳
- 古代ユダヤ教 全三冊 マックス・ヴェーバー 内田芳明訳
- 宗教と資本主義の興隆 歴史的研究 全二冊 トーニー 出口勇蔵・越智武臣訳
- 世論 全二冊 リップマン 掛川トミ子訳
- 鯰絵 —民俗的想像力の世界— C・アウエハント 小松和彦・中沢新一 飯島吉晴・古家信平訳
- 贈与論 他二篇 マルセル・モース 森山工訳
- 国民論 他二篇 マルセル・モース 森山工編訳
- ヨーロッパの昔話 その形と本質 マックス・リュティ 小澤俊夫訳
- 独裁と民主政治の社会的起源 —近代世界形成過程における領主と農民— 全二冊 バリントン・ムーア 宮崎隆次 森山茂徳 高橋直樹訳
- 大衆の反逆 オルテガ・イ・ガセット 佐々木孝訳

《自然科学》〔青〕

- ヒポクラテス医学論集 國方栄二編訳
- 科学と仮説 ポアンカレ 河野伊三郎訳
- ロウソクの科学 ファラデー 竹内敬人訳
- 種の起原 全二冊 ダーウィン 八杉龍一訳

- 自然発生説の検討 パストゥール 山口清三郎訳
- 完訳ファーブル昆虫記 全十冊 山田吉彦 林達夫訳
- 科学談義 T・H・ハックスリ 小泉丹訳
- メンデル 雑種植物の研究 岩槻邦男 須原準平訳
- アインシュタイン 相対性理論 内山龍雄訳・解説
- 相対論の意味 アインシュタイン 矢野健太郎訳
- アインシュタイン 一般相対性理論 小玉英雄編訳・解説
- 自然美と其驚異 ジョン・ラバック 板倉勝忠訳
- ダーウィニズム論集 八杉龍一編訳
- ニールス・ボーア論文集1 因果性と相補性 山本義隆編訳
- ニールス・ボーア論文集2 量子力学の誕生 山本義隆編訳
- ハッブル 銀河の世界 戎崎俊一訳
- パロマーの巨人望遠鏡 全二冊 D・O・ウッドベリー 関正雄 湯澤博 成相恭二訳
- 生物から見た世界 ユクスキュル クリサート 日高敏隆 羽田節子訳
- ゲーデル 不完全性定理 林晋 八杉満利子訳
- 日本の酒 坂口謹一郎
- 生命とは何か —物理的にみた生細胞— シュレーディンガー 岡小天 鎮目恭夫訳

ウィーナー サイバネティックス ―動物と機械における制御と通信　池原止戈夫・彌永昌吉・室賀三郎・戸田巌 訳

熱輻射論講義　マックス・プランク 西尾成子 訳

コレラの感染様式について　ジョン・スノウ 山本太郎 訳

20世紀科学論文集 現代宇宙論の誕生　須藤靖 編

高峰譲吉文集 いかにして発明国民となるべきか　鈴木淳 編

相対性理論の起原 他四篇　廣重徹 西尾成子 編

《哲学・教育・宗教》〔青〕

ソクラテスの弁明・クリトン　プラトン　久保勉訳
ゴルギアス　プラトン　加来彰俊訳
饗宴　プラトン　久保勉訳
テアイテトス　プラトン　田中美知太郎訳
パイドロス　プラトン　藤沢令夫訳
メノン　プラトン　藤沢令夫訳
国家 全二冊　プラトン　藤沢令夫訳
プロタゴラス —ソフィストたち　プラトン　藤沢令夫訳
パイドン —魂の不死について　プラトン　岩田靖夫訳
アナバシス —敵中横断六〇〇〇キロ　クセノポン　松平千秋訳
アリストテレス ニコマコス倫理学 全二冊　高田三郎訳
アリストテレス 形而上学 全二冊　出隆訳
アリストテレス 弁論術　戸塚七郎訳
アリストテレース詩学・ホラーティウス詩論　松本仁助・岡道男訳
物の本質について　ルクレーティウス　樋口勝彦訳
エピクロス —教説と手紙　出隆・岩崎允胤訳

生の短さについて 他二篇　セネカ　大西英文訳
怒りについて 他二篇　セネカ　兼利琢也訳
エピクテトス 人生談義 全二冊　國方栄二訳
人さまざま　テオプラストス　森進一訳
マルクス・アウレーリウス 自省録　神谷美恵子訳
老年について　キケロー　中務哲郎訳
弁論家について 全二冊　キケロー　大西英文訳
キケロー書簡集　高橋宏幸編
平和の訴え　エラスムス　箕輪三郎訳
方法序説　デカルト　谷川多佳子訳
哲学原理　デカルト　桂寿一訳
情念論　デカルト　谷川多佳子訳
パンセ 全三冊　パスカル　塩川徹也訳
スピノザ 神学・政治論 全二冊　畠中尚志訳
知性改善論　スピノザ　畠中尚志訳
スピノザ エチカ（倫理学） 全二冊　畠中尚志訳
スピノザ 国家論　畠中尚志訳

スピノザ往復書簡集　畠中尚志訳
デカルトの哲学原理 —附 形而上学的思想　スピノザ　畠中尚志訳
スピノザ 神・人間及び人間の幸福に関する短論文　畠中尚志訳
モナドロジー 他二篇　ライプニッツ　谷川多佳子・岡部英男訳
市民の国について 全二冊　ヒューム　小松茂夫訳
自然宗教をめぐる対話　ヒューム　犬塚元訳
エミール 全三冊　ルソー　今野一雄訳
人間不平等起原論　ルソー　本田喜代治・平岡昇訳
ルソー 社会契約論　桑原武夫・前川貞次郎訳
言語起源論 —旋律と音楽的模倣について　ルソー　増田真訳
ディドロ 絵画について　佐々木健一訳
道徳形而上学原論　カント　篠田英雄訳
啓蒙とは何か 他四篇　カント　篠田英雄訳
純粋理性批判 全三冊　カント　篠田英雄訳
カント 実践理性批判　波多野精一・宮本和吉・篠田英雄訳
判断力批判 全二冊　カント　篠田英雄訳
永遠平和のために　カント　宇都宮芳明訳

プロレゴメナ　カント　篠田英雄訳
学者の使命・学者の本質　フィヒテ　宮崎洋三訳
シュライエルマッハー　独白　木場深定訳
ヘーゲル 政治論文集　全二冊　金子武蔵訳
哲学史序論 —哲学と哲学史　ヘーゲル　武市健人訳
歴史哲学講義　全二冊　ヘーゲル　長谷川宏訳
法の哲学 —自然法と国家学の要綱　ヘーゲル　上妻精 佐藤康邦 山田忠彰訳
学問論　シェリング　西川富雄 藤田正勝 監訳
自殺について 他四篇　ショウペンハウエル　斎藤信治訳
読書について 他二篇　ショウペンハウエル　斎藤忍随訳
知性について 他四篇　ショーペンハウエル　細谷貞雄訳
不安の概念　キェルケゴール　斎藤信治訳
死に至る病　キェルケゴール　斎藤信治訳
体験と創作　全二冊　ディルタイ　柴田治三郎 小牧健夫訳
眠られぬ夜のために　全二冊　ヒルティ　草間平作 大和邦太郎訳
幸福論　全三冊　ヒルティ　草間平作 大和邦太郎訳
悲劇の誕生　ニーチェ　秋山英夫訳

ツァラトゥストラはこう言った　全二冊　ニーチェ　氷上英廣訳
道徳の系譜　ニーチェ　木場深定訳
善悪の彼岸　ニーチェ　木場深定訳
この人を見よ　ニーチェ　手塚富雄訳
プラグマティズム　W・ジェイムズ　桝田啓三郎訳
宗教的経験の諸相　全二冊　W・ジェイムズ　桝田啓三郎訳
日常生活の精神病理　フロイト　高田珠樹訳
純粋現象学及現象学的哲学考案　全二冊　フッセル　池上鎌三訳
デカルト的省察　フッサール　浜渦辰二訳
愛の断想・日々の断想　ジンメル　清水幾太郎訳
ジンメル宗教論集　深澤英隆編訳
笑い　ベルクソン　林達夫訳
道徳と宗教の二源泉　ベルクソン　平山高次訳
時間と自由　ベルクソン　中村文郎訳
ラッセル教育論　安藤貞雄訳
ラッセル幸福論　安藤貞雄訳
存在と時間　全四冊　ハイデガー　熊野純彦訳

学校と社会　デューイ　宮原誠一訳
民主主義と教育　全二冊　デューイ　松野安男訳
我と汝・対話　マルティン・ブーバー　植田重雄訳
アラン 幸福論　神谷幹夫訳
アラン 定義集　神谷幹夫訳
天才の心理学　E・クレッチュマー　内村祐之訳
英語発達小史　H・ブラッドリ　寺澤芳雄訳
日本の弓術　オイゲン・ヘリゲル述　柴田治三郎訳
ことばのロマンス —英語の語源　ウィークリー　寺澤芳雄 出淵博訳
ヴィーコ 学問の方法　上村忠男 佐々木力訳
国家と神話　全二冊　カッシーラー　熊野純彦訳
天才・悪　ブレンターノ　篠田英雄訳
人間の頭脳活動の本質 他一篇　ディーツゲン　小松摂郎訳
プラトン入門　R・S・ブラック　内山勝利訳
反啓蒙思想 他二篇　バーリン　松本礼二編
マキアヴェッリの独創性 他三篇　バーリン　川出良枝編
ロシア・インテリゲンツィヤの誕生 他五篇　バーリン　桑野隆編

論理哲学論考　ウィトゲンシュタイン　野矢茂樹訳
自由と社会的抑圧　シモーヌ・ヴェイユ　冨原眞弓訳
根をもつこと　全二冊　シモーヌ・ヴェイユ　冨原眞弓訳
重力と恩寵　シモーヌ・ヴェイユ　冨原眞弓訳
全体性と無限　全二冊　レヴィナス　熊野純彦訳
啓蒙の弁証法　―哲学的断想　M・ホルクハイマー　T・W・アドルノ　徳永恂訳
ヘーゲルからニーチェへ　十九世紀思想における革命的断絶　全二冊　レーヴィット　三島憲一訳
統辞構造論　付『言語理論の論理構造』序論　チョムスキー　福井直樹　辻子美保子訳
統辞理論の諸相　方法論序説　チョムスキー　福井直樹　辻子美保子訳
快楽について　ロレンツォ・ヴァッラ　近藤恒一訳
古代懐疑主義入門　判断保留の十の方式　J・アナス　J・バーンズ　金山弥平訳
ニーチェ　みずからの時代と闘う者　ルドルフ・シュタイナー　高橋巖訳
フランス革命期の公教育論　コンドルセ他　阪上孝編訳
フレーベル自伝　長田新訳
旧約聖書　創世記　関根正雄訳
旧約聖書　出エジプト記　関根正雄訳
旧約聖書　ヨブ記　関根正雄訳

旧約聖書　詩篇　関根正雄訳
新約聖書　福音書　塚本虎二訳
文語訳　新約聖書　詩篇付
文語訳　旧約聖書　全四冊
キリストにならいて　トマス・ア・ケンピス　大沢章　呉茂一訳
聖アウグスティヌス　告白　全二冊　服部英次郎訳
アウグスティヌス　神の国　全五冊　服部英次郎　藤本雄三訳
新訳　キリスト者の自由・聖書への序言　マルティン・ルター　石原謙訳
キリスト教と世界宗教　シュヴァイツェル　鈴木俊郎訳
水と原生林のはざまで　シュヴァイツェル　野村実訳
コーラン　全三冊　井筒俊彦訳
エックハルト説教集　田島照久編訳
ムハンマドのことば　ハディース　小杉泰編訳
新約聖書外典　ナグ・ハマディ文書抄　荒井献　大貫隆　小林稔　筒井賢治編訳
後期資本主義における正統化の問題　ハーバーマス　山田正行・金慧訳
シンボルの哲学　―理性、祭礼、芸術のシンボル試論　S・K・ランガー　塚本明子訳

ジャック・ラカン　精神分析の四基本概念　全二冊　ジャック＝アラン・ミレール編　小出浩之　新宮一成　鈴木國文　小川豊昭訳
精神と自然　生きた世界の認識論　グレゴリー・ベイトソン　佐藤良明訳
人間の知的能力に関する試論　全二冊　トマス・リード　戸田剛文訳
開かれた社会とその敵　全四冊　カール・ポパー　小河原誠訳

岩波文庫の最新刊

ベティ・フリーダン著／荻野美穂訳
女らしさの神話 (上)(下)

女性の幸せは結婚と家庭にあるとする「女らしさの神話」を批判し、その解体を唱える。二〇世紀フェミニズムの記念碑的著作、初の全訳。（全二冊）〔白二三四-一、二〕 定価(上)一五〇七、(下)一三五三円

太宰 治作／安藤 宏編
富嶽百景・女生徒 他六篇

昭和一二—一五年発表の八篇。表題作他「華燭」「葉桜と魔笛」等、スランプを克服し〈再生〉へ向かうエネルギーを感じさせる。（注＝斎藤理生、解説＝安藤宏）〔緑九〇-九〕 定価九三五円

ヘルダー著／嶋田洋一郎訳
人類歴史哲学考 (五)

第四部第十八巻—第二十巻を収録。中世ヨーロッパを概観。キリスト教の影響やイスラム世界との関係から公共精神の発展を描く。（全五冊）〔青N六〇八-五〕 定価一二七六円

今月の重版再開

栗田 靖編
碧梧桐俳句集

定価一二七六円 〔緑一六六-二〕

穂積陳重著
法窓夜話

定価一四三〇円 〔青一四七-一〕

定価は消費税 10％ 込です　2024. 9

岩波